建设工程预算员速查速算便携手册丛书

公路工程预算员
速查速算便携手册

王学军　陈　莹　主编

中国建筑工业出版社

图书在版编目（CIP）数据

公路工程预算员速查速算便携手册/王学军，陈莹主编. —北京：中国建筑工业出版社，2011.6
（建设工程预算员速查速算便携手册丛书）
ISBN 978-7-112-13170-9

Ⅰ.①公… Ⅱ.①王… ②陈… Ⅲ.①道路工程-预算定额-手册 Ⅳ. ①U415.13-62

中国版本图书馆 CIP 数据核字(2011)第 067358 号

建设工程预算员速查速算便携手册丛书
公路工程预算员速查速算便携手册
王学军　陈　莹　主编
*
中国建筑工业出版社出版、发行（北京西郊百万庄）
各地新华书店、建筑书店经销
北京红光制版公司制版
北京市密东印刷有限公司印刷
*
开本：850×1168 毫米 1/64 印张：7⅝ 字数：205 千字
2011 年 7 月第一版　2011 年 7 月第一次印刷
定价：**20.00** 元
ISBN 978-7-112-13170-9
(20597)

本书内容主要由公路工程工程量清单计量规则及工程量清单细目、公路工程钢筋用量的计算、常规工程量计算公式汇总、常用面积和体积计算公式、造价员常用数据汇总、清单计价表格汇总、常用图例及符号汇总七部分内容组成。

本书为公路工程建筑预算、施工技术的常用简明工具手册，可供公路工程预算编制人员、施工技术人员使用。

* * *

责任编辑：岳建光　郭　栋　张　磊
责任设计：李志立
责任校对：肖　剑　姜小莲

前　言

为方便造价人员进行公路工程造价的编制工作，本书结合公路工程量清单，将造价编制的一些计算规定、常用数据、计算公式、相关计算表格、图例及符号等进行了汇编，目的是便于编制人员的查阅。本书可以作为公路工程造价编制人员的参考书籍。

本书由重庆交通大学王学军、陈莹主编。

全书在编写过程中得到了秦磊、张志敏、王银燕和梁雷的协助，在此一并表示谢意。

我国的工程造价理论与实践的不断发展，新的内容和问题不断出现，加上受主客观条件的限制，书的内容可能不尽完善，难免出现不妥之处，敬请广大读者批评指正。

目　录

第一章　公路工程工程量清单计量规则及工程量清单细目

关于公路工程清单计价计算规则的总说明

为了统一公路工程工程量清单的项目号、项目名称、计算单位、工程量计算规则和界定工程内容，特制定本规则。

一、本规则是《公路基本建设工程造价计价规范》的组成部分，是编制工程量清单的依据。

二、本规则主要依据交通部《公路工程国内招标文件范本》（2003 年版）中的技术规范，结合公路建设项目内容编制。本规则与技术规范相互补充，若有不明确或不一致之处，以本规则为准。

三、本规则共分八节，第一节总则，第二节路基工程，第三节路面工程，第四节桥梁涵洞工程，第五节隧道工程，第六节安全设施及预埋管线工程，第七节绿化及环境保护工程，新增第八节房建工程是依据公路建设项目房建工程内容增编。

四、本规则由项目号、项目名称、项目特征、计量单位、工程量计算规则和工程内容构成。

1. 本规则项目号的编写分别按项、目、节、细目表达，根据实际情况可按厚度、标号、规格等增列细目或子细目，与工程量清单细目号对应方式示例如下：

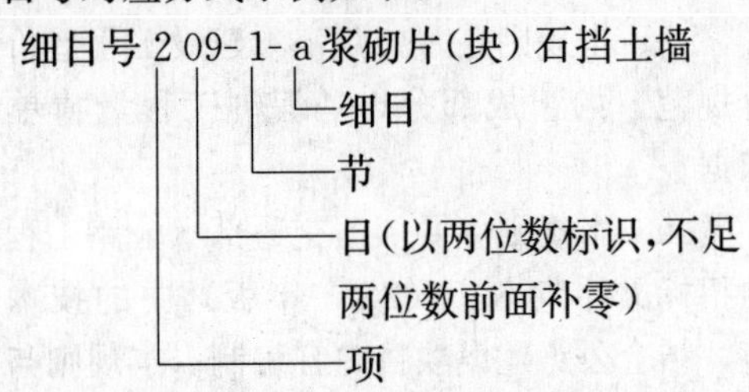

2. 项目名称以工程和费用名称命名，如有缺项，招标人可按本规则的原则进行补充，并报工程造价管理部门核备。

3. 项目特征是按不同的工程部位、施工

工艺或材料品种、规格等对项目作的描述，是设置清单项目的依据。

4. 计量单位采用基本单位，除各节另有特殊规定外，均按以下单位计量：

以体积计算的项目——m^3

以面积计算的项目——m^2

以重量计算的项目——t，kg

以长度计算的项目——m

以自然体计算的项目——个、棵、根、台、套、块……

没有具体数量的项目——总额

5. 工程量计算规则是对清单项目工程量的计算规定，除另有说明外，清单项目工程量均按设计图示以工程实体的净值计算；材料及半成品采备和损耗、场内二次转运、常规的检测等均应包括在相应工程项目中，不另行计量。

6. 工程内容是为完成该项目的主要工作，凡工程内容中未列的其他工作，为该项目的附属工作，应按照各项目对应的招标文件范本技术规范节节的规定或设计图纸综合考虑在报价中。

五、施工现场交通组织、维护费，应综合考虑在各项目内，不另行计量。

六、为满足项目管理成本核算的需要，对于第四节桥梁、涵洞工程，第五节隧道工程，应按特大桥、大桥、中小桥、分离式立交桥和隧道单洞、连洞分类使用本规则的计量项目。

七、本规则在具体使用过程中，可根据实际情况，补充个别项目的技术规范内容与工程量清单配套使用。

第一节　总　则

一、工程量清单细目

公路工程工程量清单细目表见表1-1。

公路工程工程量清单细目见表　表1-1

清单　第100节　总则					
细目号	项目名称	单位	数量	单价	合价
101-1	保险费				
-a	建筑工程一切险	总额			
-b	第三方责任险	总额			
102-1	竣工文件	总额			

续表

细目号	项目名称	单位	数量	单价	合价
102-2	施工环保费	总额			
103-1	临时道路维修、养护与拆除（包括原道路的养护维护费）	总额			
103-2	临时工程用地	m^2			
103-3	临时供电设施	m^2			
103-4	电信设施提供、维修与拆除	总额			
104-1	承包人驻地建设	总额			
清单　第 100 节合计　人民币＿＿＿＿					

二、工程量清单计量规则

1. 工程内容

总则包括保险费、竣工文件、施工环保、临时道路、临时供电设施、电信设施、承包人驻地建设费用。

2. 有关问题的说明及提示

(1) 保险费分为工程一切险和第三方责任险。

(2) 竣工文件编制费是承包人对承建工

程，在竣工后按交通部发布的《公路工程竣工验收办法》的要求，编制竣工图表、资料所需的费用。

（3）施工环保费是承包人在施工工程中采取预防和消除环境污染措施所需的费用。

（4）临时道路（包括便道、便桥、便涵、码头）是承包人为实施与完成工程建设所必须修建的设施，包括工程竣工。

（5）临时用地费是承包人为完成工程建设，临时占用土地的租用费。工程完工后承包人应自费负责恢复到原来的状况，不另行计量。

（6）临时供电设施、电信设施费是承包人为完成工程建设所需要的临时电力、电信设施的架设与拆除的费用，不包括使用费。

（7）承包人的驻地建设费是指承包人为工程建设必须临时修建的承包人住房、办公房、加工车间、仓库、试验室和必要的供水、卫生、消防设施所需的费用，其中包括拆除与恢复到原来的自然状况的费用。

3. 总则工程量清单计量规则

总则工程量清单计量规则见表1-2。

工程量清单计量规则 **表 1-2**

项	目	节	细目	项目名称	项目特征	计量单位	工程量计算规则	工程内容
一				总则				第 100 章
	1			保险费				第 101 节
		1		保险费				
			a	建筑工程一切险	工程一切险	总额	按规定以总额计算	按招标文件规定内容
			b	第三方责任险	第三方责任险			
	2			工程管理				第 102 节、第 107 节

续表

项	目	节	细目	项目名称	项目特征	计量单位	工程量计算规则	工程内容
		1		竣工文件	1. 规定 2. 文件资料 3. 图表	总额	按规定以总额计算	1. 原始记录 2. 施工记录 3. 竣工图表 4. 变更设计文件 5. 施工文件 6. 工程结算资料 7. 进度照片 8. 录像等资料
		2		施工环保费	1. 施工期 2. 环保措施	总额	按规定以总额计算	1. 施工场地硬化 2. 控制扬尘 3. 降低噪声 4. 施工水土保持 5. 施工供水、合理排污等一切与施工环保有关的设施及作业

续表

项	目	节	细目	项目名称	项目特征	计量单位	工程量计算规则	工程内容
		1		临时道路修建、养护与拆除（包括原道路的养护费、交通维护费）	1. 类型 2. 性质 3. 规格 4. 时间	总额	按规定以总额计算	
	3			临时工程与设施				第103节
		2		临时工程用地	1. 类型 2. 性质 3. 时间	亩	按设计标准的临时用地图，以亩计算	1. 承包人办公和生活用地 2. 仓库与料场用地 3. 预制场、拌合场用地 4. 借土场用地 5. 弃土场用地 6. 工地试验室用地 7. 临时道路、桥梁用地 8. 临时堆料场、机械设备停放场等用地

续表

项	目	节	细目	项目名称	项目特征	计量单位	工程量计算规则	工程内容
		3		临时供电设施	1. 规格 2. 性质 3. 时间	总额	按规定以总额计算	设备的安装、维护、维修与拆除
		4		电信设施提供、维修与拆除	1. 规格 2. 性质 3. 时间	总额	按规定以总额计算	1. 电话、传真、网络等设施的安装 2. 维修与拆除
	4			承包人驻地建设				第 104 节
		1		承包人驻地建设	1. 规格 2. 性质 3. 时间	总额	按规定以总额计算	1. 承包人办公室、住房及生活区修建 2. 车间与工作场地、仓库修建 3. 工地试验室修建 4. 供水与排污设施、医疗卫生与消防设施安装 5. 维护与拆除

第二节　路 基 工 程

一、工程量清单细目

路基工程工程量清单细目见表 1-3。

工程量清单细目　　　表 1-3

清单　第 200 章　路基

细目号	项 目 名 称	单位	数量	单价	合价
202-1	清理与掘除				
-a	清理现场	m^2			
-b	砍树、挖根	棵			
202-2	挖除旧路面				
-a	水泥混凝土路面	m^2			
-b	沥青混凝土路面	m^2			
-c	碎（砾）石路面	m^2			
202-3	拆除结构物				
-a	钢筋混凝土结构	m^3			
-b	混凝土结构	m^3			
-c	砖、石及其他砌体结构	m^3			
203-1	路基挖方				
-a	挖土方	m^3			

续表

细目号	项目名称	单位	数量	单价	合价
-b	挖石方	m^3			
-c	挖除非适用材料（包括淤泥）	m^3			
203-2	改路、改河、改渠挖方				
-a	挖土方	m^3			
-b	挖石方	m^3			
-c	挖除非适用材料（包括淤泥）	m^3			
204-1	路基填筑（包括填前压实）				
-a	回填土	m^3			
-b	土方	m^3			
-c	石方	m^3			
204-2	改路、改河、改渠填筑				
-a	回填土	m^3			
-b	土方	m^3			
-c	石方	m^3			
204-3	结构物台背回填及锥坡填筑				

续表

细目号	项目名称	单位	数量	单价	合价
-a	涵洞、通道台背回填	m^3			
-b	桥梁台背回填	m^3			
-c	锥坡填筑	m^3			
205-1	软土地基处理				
-a	抛石挤淤	m^3			
-b	砂垫层、砂砾垫层	m^3			
-c	灰土垫层	m^3			
-d	预压与超载预压	m^3			
-e	袋装砂井	m			
-f	塑料排水板	m			
-g	粉喷桩	m			
-h	碎石桩	m			
-i	砂桩	m			
-j	土工布	m^2			
-k	土工格栅	m^2			
-l	土工格室	m^2			
205-2	滑坡处理	m^3			
205-3	岩溶洞回填	m^3			
205-4	改良土				
-a	水泥	t			

续表

细目号	项 目 名 称	单位	数量	单价	合价
-b	石灰	t			
205-5	黄土处理				
-a	陷穴	m^3			
-b	湿陷性黄土	m^2			
205-6	盐渍土处理				
-a	厚……mm	m^2			
207-1	边沟				
-a	浆砌片石边沟	m^3			
-b	浆砌混凝土预制块边沟	m^3			
207-2	排水沟				
-a	浆砌片石排水沟	m^3			
-b	浆砌混凝土预制块排水沟	m^3			
207-3	截水沟				
-a	浆砌片石截水沟	m^3			
-b	浆砌混凝土预制块截水沟	m^3			
207-4	浆砌片石急流槽（沟）	m^3			
207-5	暗沟（…mm×…mm）	m^3			
207-6	渗沟				
-a	带 PVC 管的渗沟	m			
-b	无 PVC 管的渗沟	m			
208-1	植草				
-a	播种草籽	m^2			

续表

细目号	项 目 名 称	单位	数量	单价	合价
-b	铺（植）草皮	m^2			
-c	挂镀锌网客土喷播植草	m^2			
-d	挂镀锌网客土喷混植草	m^2			
-e	土工格室植草	m^2			
-f	植生袋植草	m^2			
-g	土壤改良喷播植草	m^2			
208-2	浆砌片石护坡				
-a	满砌护坡	m^3			
-b	骨架护坡	m^3			
208-3	预制(现浇)混凝土护坡				
-a	预制块满铺护坡	m^3			
-b	预制块骨架护坡	m^3			
-c	现浇骨架护坡	m^3			
208-4	护面墙				
-a	浆砌片（块）石	m^3			
-b	、混凝土	m^3			
209-1	挡土墙				
-a	浆砌片（块）石挡土墙	m^3			
-b	混凝土挡土墙	m^3			
-c	钢筋混凝土挡土墙	m^3			
-d	砂砾（碎石）垫层	m^3			
210-1	锚杆挡土墙				

续表

细目号	项目名称	单位	数量	单价	合价
-a	混凝土立柱（C…）	m^3			
-b	混凝土挡板（C…）	m^3			
-c	钢筋	kg			
-d	锚杆	kg			
211-1	加筋土挡土墙				
-a	钢筋混凝土带挡土墙	m^3			
-b	聚丙烯土工带挡土墙	m^3			
212-1	挂网喷浆护坡边坡				
-a	挂钢丝网喷浆防护	m^2			
-b	挂土工格栅喷浆防护	m^2			
212-2	挂网锚喷混凝土防护边坡（全坡面）				
-a	挂钢筋网喷混凝土防护	m^2			
-b	挂钢丝网喷混凝土防护	m^2			
-c	挂土工格栅喷混凝土防护	m^2			
-d	锚杆	kg			
212-3	坡面防护				

续表

细目号	项 目 名 称	单位	数量	单价	合价
-a	喷射水泥砂浆	m^2			
-b	喷射混凝土	m^2			
213-1	预应力锚索	kg			
213-2	锚杆	kg			
213-3	锚固板	m^3			
214-1	混凝土抗滑桩				
-a	…mm×…mm 钢筋混凝土抗滑桩	m			
-b	钢筋混凝土挡板	m^3			
215-1	浆砌片石河床铺砌	m^3			
215-2	浆砌片石坝	m^3			
215-3	浆砌片石护坡	m^3			
216-1	浆砌片石挡土墙	m^3			
216-2	浆砌片石水沟	m^3			
216-3	播种草籽	m^2			
216-4	铺（植）草皮	m^2			
216-5	人工种植乔木	棵			

清单 第 200 章合计 人民币________

二、工程量清单计量规则

1. 工程内容

路基工程包括：清理与挖除、路基挖方、路基填方、特殊地区路基处理、排水设施、边坡防护、挡土墙、挂网坡面防护、预应力锚索及锚固板、抗滑桩、河床及护坡铺砌工程。

2. 有关问题的说明及提示

（1）路基石方的界定。用不小于 165kW（220 匹马力）推土机单齿松土器无法勾动，需用爆破、钢楔或气钻方法开挖，且体积大于或等于 $1m^3$ 的孤石为石方。

（2）土石方体积用平均断面积法计算。但与似棱体公式计算方式计算结果比较，如果误差超过 5%时，采用似棱体公式计算。

（3）路基挖方以批准的路基设计图纸所示界限为限，均以开挖天然密实体积计量。其中包括边沟、排水沟、截水沟、改河、改渠、改路的开挖。

（4）挖方作业应保持边坡稳定，应做到开挖与防护同步施工，如因施工方法不当，排水不良或开挖后未按设计及时进行防护而造成的塌方，则塌方的清除和回填由承包人负责。

（5）借土挖方按天然密实体积计量，借土场或取土坑中非适用材料的挖除、弃运及场地清理、地貌恢复、施工便道便桥的修建与养护、临时排水与防护作为借土挖方的附属工程，不另行计量。

（6）路基填料中石料含量等于或大于70%时，按填石路堤计量；小于70%时，按填土路堤计量。

（7）路基填方以批准的路基设计图纸所示界限为限，按压实后路床顶面设计高程计算。应扣除跨径大于5m的通道、涵洞空间体积，跨径大于5m的桥则按桥长的空间体积扣除。为保证压实度两侧加宽超填的增加体积，零填零挖的翻松压实，均不另行计量。

（8）桥涵台背回填只计按设计图纸或工程师指示进行的桥涵台背特殊处理数量。但在路基土石方填筑计量中应扣除涵洞、通道台背及桥梁桥长范围外台背特殊处理的数量。

（9）回填土指零挖以下或填方路基（扣除10～30cm清表）路段挖除非适用材料后好土

的回填。

(10) 填方按压实的体积以“m^3”计量，包括挖台阶、摊平、密实、整型，其开挖作业在挖方中计量。

(11) 项目未明确指出的工程内容如：养护、场地清理、脚手架的搭拆、模板的安装、拆除及场地运输等均包含在相应的工程项目中，不另行计量。

(12) 排水、防护、支挡工程的钢筋、锚杆、锚索除锈制作安装运输及锚具、锚垫板、注浆管、封锚、护套、支架等，包括在相应的工程项目中，不另行计量。

(13) 取弃土场的防护、排水及绿化在相应工程项目中计量。

3. 路基工程工程量清单计量规则

路基工程工程量清单计量规则见表 1-4。

工程量清单计量规则 表 1-4

项	目	节	细目	项目名称	项目特征	计量单位	工程量计算规则	工程内容
二				路基				第 200 章
	2			场地清理				第 202 节
		1		清理与掘除				
			a	清理现场	1. 表土 2. 深度	m^2	按设计图表所示，以投影平面面积计算	1. 清除路基范围内所有垃圾 2. 清除草皮或农作物的根系与表土（10～30cm 厚） 3. 清除灌木、竹林、树木（胸径小于 150mm）和石头 4. 废料运输及堆放 5. 坑穴填平夯实

续表

项	目	节	细目	项目名称	项目特征	计量单位	工程量计算规则	工程内容
			b	砍树、挖根	胸径	棵	按设计图所示胸径(离地面1.3m处的直径)大于150mm的树木,以累计棵树计算	1. 砍树、截锯、挖根 2. 运输堆放 3. 坑穴填平夯实
		2		挖除旧路面				
			a	水泥混凝土路面	厚度	m^2	按设计图所示，以面积计算	1. 挖除、坑穴回填、压实 2. 装卸、运输、堆放
			b	沥青混凝土路面				
			c	碎（砾）石路面				
		3		拆除结构物				

续表

项	目	节	细目	项目名称	项目特征	计量单位	工程量计算规则	工程内容
			a	钢筋混凝土结构	形状	m^3	按设计图所示，以体积计算	1. 挖除、坑穴回填、压实 2. 装卸、运输、堆放
			b	混凝土结构				
			c	砖、石及其他砌体结构				
	3			挖方				第203节、第206节
		1		路基挖方				
			a	挖土方	1. 土的类别 2. 运距	m^3	按路线中线长度乘以核定的断面面积（扣除10～30cm厚清表土及路面厚度），以开挖天然密实体积计算	1. 施工防、排水 2. 开挖、装卸、运输 3. 路基顶面挖松压实 4. 整修边坡 5. 弃方和剩余材料的处理（包括弃土堆的堆置、整理）

续表

项	目	节	细目	项目名称	项目特征	计量单位	工程量计算规则	工程内容
			b	挖石方	1. 岩石类别 2. 爆破要求 3. 运距	m^3	按路线中线长度乘以核定的断面面积（扣除10～30cm厚清表土及路面厚度），以开挖天然密实体积计算	1. 施工防、排水 2. 石方爆破、开挖、装卸、运输 3. 岩面开凿、解小、清理坡面危石 4. 路基顶面凿平或填平压实 5. 整修路基 6. 弃方和剩余材料的处理（包括弃土堆的堆置、整理）
			c	挖除非适用材料（包括淤泥）	1. 土壤类别 2. 运距	m^3	按设计图所示，以体积计算（不包括清理原地面线以下10～30cm以内的表土）	1. 围堰排水 2. 挖装 3. 运弃（包括弃土堆的堆置、整理）

续表

项	目	节	细目	项目名称	项目特征	计量单位	工程量计算规则	工程内容
		2		改路、改河、改渠挖方				
			a	挖土方	1. 土壤类别 2. 运距	m^3	按路线中线长度乘以核定的断面面积（扣除10～30cm厚清表土及路面厚度），以开挖天然密实体积计算	1. 施工防、排水 2. 开挖、装运、堆放、分理填料 3. 路基顶面挖松压实 4. 整修边坡 5. 弃方和剩余材料的处理（包括弃土堆的堆置、整理）

续表

项	目	节	细目	项目名称	项目特征	计量单位	工程量计算规则	工程内容
			b	挖石方	1. 岩石类别 2. 爆破要求 3. 运距	m^3	按路线中线长度乘以核定的断面面积（扣除10～30cm厚清表土及路面厚度），以开挖天然密实体积计算	1. 施工防、排水 2. 石方爆破、开挖、装运、堆放、分理填料 3. 岩石开凿、解小、清理坡面危石 4. 路基顶面凿平或填平压实 5. 弃方和剩余材料的处理（包括弃土堆的堆置、整理）
			c	挖除非适用材料（包括淤泥）	1. 土壤类别 2. 运距	m^3	按设计图所示，以体积计算（不包括清理原地面线以下10～30cm以内的表土）	1. 围堰排水 2. 挖装 3. 运弃（包括弃土堆的堆置、整理）

续表

项	目	节	细目	项目名称	项目特征	计量单位	工程量计算规则	工程内容
		3		借土挖方				
			a	借土（石）方	1. 土壤类别 2. 爆破要求 3. 运距（图纸规定）	m^3	按设计图所示经监理工程师验收的取土场借土或经监理工程师批准由于变更引起增加的借土，以体积计算（不包括借土场表土及不适宜材料）	1. 借土场的表土清除、移运、整平、修坡 2. 土方开挖（或石方爆破）、装运、堆放、分理填料 3. 岩石开凿、解小、清理坡面危石

续表

项	目	节	细目	项目名称	项目特征	计量单位	工程量计算规则	工程内容
			b	借土（石）方增（减）运费	1. 土壤类别 2. 超运里程	$m^3 \cdot km$	按设计图所示，经监理工程师批准变更或增加的取土场导致借方超过（或低于）图纸规定运距，则增加或减少借方的运量，按土的该部分借土的数量乘以增加或减少超运里程计算	借方增（减）运距
	4			填方				第204节、第206节

续表

项	目	节	细目	项目名称	项目特征	计量单位	工程量计算规则	工程内容
		1		路基填筑				
			a	回填土	1. 土壤类别 2. 压实度	m^3	按设计图表所示，以压实体积计算	回填好土的摊平、压实
			b	土方	1. 土壤类别 2. 粒径 3. 碾压要求	m^3	按路线中线长度乘以核定的断面面积（含10～30cm清表回填不含路面厚度），以压实体积计算（为保证压	1. 施工防、排水 2. 填前压实或挖台阶 3. 摊平、洒水或晾晒压实 4. 整修路基和边坡

续表

项	目	节	细目	项目名称	项目特征	计量单位	工程量计算规则	工程内容
			c	石方	1. 土壤类别 2. 粒径 3. 碾压要求	m^3	实度路基两侧加宽超填的土石方不予计量）	1. 施工防、排水 2. 填前压实或挖台阶 3. 人工码砌嵌锁、改碴 4. 摊平、洒水或晾晒压实 5. 整修路基和边坡
		2		改路、改河、改渠填筑				
			a	回填土	1. 土壤类别 2. 运距 3. 压实度	m^3	按设计图所示，以压实体积计算	回填好土的摊平、压实

续表

项	目	节	细目	项目名称	项目特征	计量单位	工程量计算规则	工程内容
			b	土方	1. 土壤类别 2. 粒径 3. 碾压要求	m^3	按设计图所示，以压实体积计算	1. 施工防、排水 2. 填前压实或挖台阶 3. 摊平、洒水或晾晒压实 4. 整修路基和边坡
			c	石方				1. 施工防、排水 2. 填前压实或挖台阶 3. 人工码砌嵌锁、改碴 4. 摊平、洒水或晾晒压实 5. 整修路基和边坡

续表

项	目	节	细目	项目名称	项目特征	计量单位	工程量计算规则	工程内容
		3		结构物台背及锥坡填筑				
			a	涵洞、通道台背回填	1. 材料规格、类别 2. 压实度 3. 碾压要求	m^3	按设计图所示，以压实体积计算	1. 挖运、掺配、拌合 2. 摊平、压实 3. 洒水、养护 4. 整型
			b	桥梁台背回填				
			c	锥坡填筑				
	5			特殊地区路基处理				第205节
		1		软土地基处理				

续表

项	目	节	细目	项目名称	项目特征	计量单位	工程量计算规则	工程内容
			a	抛石挤淤	材料规格	m^3	按设计图所示，以体积计算	1. 排水清淤 2. 抛填片石 3. 填塞垫平、压实
			b	干砌片石				1. 干砌片石 2. 填塞垫平、压实
			c	砂（砂砾）垫层、碎石垫层				1. 运料 2. 铺料、整平 3. 压实

续表

项	目	节	细目	项目名称	项目特征	计量单位	工程量计算规则	工程内容
			d	灰土垫层	1. 材料规格 2. 配合比	m^3	按设计图所示，以体积计算	1. 拌合 2. 摊铺、整形 3. 碾压 4. 养护
			e	浆砌片石	1. 材料规格 2. 强度等级			1. 浆砌片石 2. 养护
			f	预压与超载预压	1. 材料规格 2. 时间			1. 布载 2. 卸载 3. 清理场地

续表

项	目	节	细目	项目名称	项目特征	计量单位	工程量计算规则	工程内容
			g	袋装砂井	1. 材料规格 2. 桩径	m	按设计图所示，按不同孔径以长度计算（砂及砂袋不单独计量）	1. 轨道铺设 2. 装砂袋 3. 定位 4. 打钢管 5. 下砂袋 6. 拔钢管 7. 桩机移位 8. 拆卸
			h	塑料排水板	材料规格		按设计图所示，按不同宽度以长度计算（不计伸入垫层内长度）	1. 轨道铺设 2. 定位 3. 穿塑料排水板 4. 安桩靴 5. 打拔钢管 6. 剪断排水板 7. 桩机移位 8. 拆卸

续表

项	目	节	细目	项目名称	项目特征	计量单位	工程量计算规则	工程内容
			i	粉喷桩	1. 材料规格 2. 桩径 3. 粉喷量	m	按设计图所示，按不同桩径以长度计算	1. 场地清理 2. 设备安装、移位、拆除 3. 成孔喷粉 4. 二次搅拌
			j	碎石桩	1. 材料规格 2. 桩径	m	按设计图所示，按不同桩径以长度计算	1. 设备安装、移位、拆除 2. 试桩 3. 冲孔填料
			k	砂桩				
			l	松木桩			按设计图所示，以桩打入土的长度计算	1. 打桩 2. 锯桩头

续表

项	目	节	细目	项目名称	项目特征	计量单位	工程量计算规则	工程内容
			m	土工布	材料规格	m^2	按设计图所示尺寸，以净面积计算（不计入按规范要求的搭接卷边部分）	1. 铺设 2. 搭接 3. 铆固或缝接或粘接
			n	土工格栅				1. 铺设 2. 搭接 3. 铆固
			o	土工格室				
		2		滑坡处理	1. 土质 2. 运距	m^3	按实际量测的体积计算	1. 排水 2. 挖、装、运、卸
		3		岩溶洞回填	1. 材料规格 2. 填实	m^3	按实际量测验收的填筑体积计算	1. 排水 2. 挖装运回填 3. 夯实

续表

项	目	节	细目	项目名称	项目特征	计量单位	工程量计算规则	工程内容
		4		改良土				
			a	水泥	1. 强度等级 2. 掺配料剂量 3. 含水量	t	按设计图所示，以掺配料重量计算	1. 掺配、拌合 2. 养护
			b	石灰				
		5		黄土处理				
			a	陷穴	1. 体积 2. 压实度	m^3	按实际回填体积计算	1. 排水 2. 开挖 3. 运输 4. 取料回填 5. 压实

续表

项	目	节	细目	项目名称	项目特征	计量单位	工程量计算规则	工程内容
			b	湿陷性黄土	1. 范围 2. 压实度	m^2	按设计图所示强夯处理合格面积计算	1. 排水 2. 开挖运输 3. 设备安装及拆除 4. 强夯等加固处理 5. 取料回填压实
		6		盐渍土处理				
			a	厚…mm	1. 含盐量 2. 厚度 3. 压实度	m^2	按设计图所示，按规定的厚度以换填面积计算	1. 清除 2. 运输 3. 取料换填 4. 压实
	7			水沟				第 207 节
		1		边沟				

续表

项	目	节	细目	项目名称	项目特征	计量单位	工程量计算规则	工程内容
			a	浆砌片石边沟	1. 材料规格 2. 垫层厚度 3. 断面尺寸 4. 强度等级	m^3	按设计图所示以体积计算	1. 扩挖整形 2. 砌筑勾缝或预制混凝土块、铺砂砾垫层、砌筑 3. 伸缩缝填塞 4. 抹灰压顶 5. 预制安装（钢筋）混凝土盖板
			b	浆砌混凝土预制块边沟				
		2		排水沟				
			a	浆砌片石排水沟	1. 材料规格 2. 垫层厚度 3. 断面尺寸 4. 强度等级	m^3	按设计图所示，以体积计算	1. 扩挖整形 2. 砌筑勾缝或预制混凝土块、铺砂砾垫层、砌筑 3. 伸缩缝填塞 4. 抹灰压顶 5. 预制安装（钢筋）混凝土盖板
			b	浆砌混凝土预制块排水沟				

续表

项	目	节	细目	项目名称	项目特征	计量单位	工程量计算规则	工程内容
		3		截水沟				
			a	浆砌片石截水沟	1. 材料规格 2. 垫层厚度 3. 断面尺寸 4. 强度等级	m^3	按设计图所示，以体积计算	1. 扩挖整形 2. 砌筑勾缝或预制混凝土块、铺砂砾垫层、砌筑 3. 伸缩缝填塞 4. 抹灰压顶 5. 预制安装（钢筋）混凝土盖板
			b	浆砌混凝土预制块截水沟				

续表

项	目	节	细目	项目名称	项目特征	计量单位	工程量计算规则	工程内容
		4		浆砌片石急流槽（沟）	1. 材料规格 2. 断面尺寸 3. 强度等级	m^3	按设计图所示，以体积计算（包括消力池、消力槛、抗滑台等附属设施）	1. 挖基整形 2. 砌筑勾缝 3. 伸缩缝填塞 4. 抹灰压顶
		5		暗沟（…mm×…mm）		m^3	按设计图所示，以体积计算	1. 挖基整形 2. 铺设垫层 3. 砌筑 4. 预制安装（钢筋）混凝土盖板 5. 铺砂砾反滤层 6. 回填

续表

项	目	节	细目	项目名称	项目特征	计量单位	工程量计算规则	工程内容
		6		渗（盲）沟				
			a	带 PVC 管的渗（盲）沟	1. 材料规格 2. 断面尺寸	m	按设计图所示，以长度计算	1. 挖基整形 2. 混凝土垫层 3. 埋 PVC 管 4. 渗水土工布包碎砾石填充 5. 出水口砌筑 6. 试通水 7. 回填
			b	无 PVC 管的渗（盲）沟				1. 挖基整形 2. 混凝土垫层 3. 渗水土工布包碎砾石填充 4. 出水口砌筑 5. 回填

续表

项	目	节	细目	项目名称	项目特征	计量单位	工程量计算规则	工程内容
	8			边坡防护				第 208 节
		1		植草				
			a	播种草籽	1. 草籽种类 2. 养护期	m^2	按设计图所示，按合同规定成活率。以面积计算	1. 修整边坡、铺设表土 2. 播草籽 3. 洒水覆盖 4. 养护
			b	铺（植）草皮	1. 草皮种类 2. 铺设形式			1. 修整边坡、铺设表土 2. 铺设草皮 3. 洒水 4. 养护

续表

项	目	节	细目	项目名称	项目特征	计量单位	工程量计算规则	工程内容
			c	挂镀锌网客土喷播植草	1. 镀锌网规定 2. 草籽种类 3. 养护期	m^2	按设计图所示，按合同规定成活率，以面积计算	1. 镀锌网、种子、客土等采购、运输 2. 边坡找平、拍实 3. 挂网、喷播 4. 清理、养护
			d	挂镀锌网客土喷混植草	1. 镀锌网规定 2. 混植草种类 3. 养护期			1. 材料采购、运输 2. 混合草籽 3. 边坡找平、拍实 4. 挂网、喷播 5. 清理、养护

续表

项	目	节	细目	项目名称	项目特征	计量单位	工程量计算规则	工程内容
			e	土工格室植草	1. 格室尺寸 2. 植草种类 3. 养护期	m^2	按设计图所示，按合同规定成活率，以面积计算	1. 挖槽、清底、找平、混凝土浇筑 2. 格室安装、铺种植土、播草籽、拍实 3. 清理、养护
			f	植生袋植草	1. 植生袋种类 2. 草种种类 3. 营养土类别			1. 找坡、拍实 2. 灌袋、摆放、拍实 3. 清理、养护

续表

项	目	节	细目	项目名称	项目特征	计量单位	工程量计算规则	工程内容
			g	土壤改良喷播植草	1. 改良种类 2. 草种种类	m^2		1. 挖土、耙细 2. 土、改良剂、草籽拌合 3. 喷播改良土 4. 清理、养护
		2		浆砌片石护坡				
			a	满砌护坡	1. 材料规格 2. 断面尺寸 3. 强度等级	m^3	按设计图所示，以体积计算	1. 整修边坡 2. 挖槽 3. 铺垫层、铺筑滤水层、制作安装沉降缝、伸缩缝、泄水孔 4. 砌筑、勾缝
			b	骨架护坡				

续表

项	目	节	细目	项目名称	项目特征	计量单位	工程量计算规则	工程内容
		3		预制（现浇）混凝土护坡				
			a	预制块满铺护坡	1. 材料规格 2. 断面尺寸 3. 强度等级 4. 垫层厚度	m^3	按设计图所示，以体积计算	1. 整修边坡 2. 预制、安装混凝土块 3. 铺筑砂砾垫层、铺设滤水层、制作安装沉降缝、泄水孔 4. 预制安装预制块
			b	预制块骨架护坡				
			c	现浇骨架护坡				1. 整修边坡 2. 浇筑 3. 铺筑砂砾垫层、铺设滤水层、制作安装沉降缝、泄水孔

续表

项	目	节	细目	项目名称	项目特征	计量单位	工程量计算规则	工程内容
		4		护面墙				
			a	浆砌片（块）石	1. 材料规格 2. 断面尺寸 3. 强度等级	m^3	按设计图所示，以体积计算	1. 整修边坡 2. 基坑开挖、回填 3. 砌筑、勾缝、抹灰压顶 4. 铺筑垫层、铺设滤水层、制作安装沉降缝、伸缩缝、泄水孔
			b	混凝土				1. 整修边坡 2. 浇筑 3. 铺筑垫层、铺设滤水层、制作安装沉降缝、泄水孔

续表

项	目	节	细目	项目名称	项目特征	计量单位	工程量计算规则	工程内容
	9			挡土墙				第 209 节
		1		挡土墙				
			a	浆砌片（块）石挡土墙	1. 材料规格 2. 断面尺寸 3. 强度等级	m^3	按设计图所示，以体积计算	1. 围堰排水 2. 挖基、基底清理 3. 砌石、勾缝 4. 沉降缝、伸缩缝填塞、铺设滤水层、制作安装泄水孔 5. 抹灰压顶 6. 基坑及墙背回填
			b	混凝土挡土墙				1. 围堰排水 2. 挖基、基底清理 3. 浇筑、养护 4. 沉降缝、伸缩缝填塞、铺筑滤水层、制作安装泄水孔 5. 基坑及墙背回填

续表

项	目	节	细目	项目名称	项目特征	计量单位	工程量计算规则	工程内容
			c	钢筋混凝土挡土墙	1. 材料规格 2. 断面尺寸 3. 强度等级	m^3	按设计图所示，以体积计算	1. 围堰排水 2. 挖基、基底清理 3. 钢筋制作安装 4. 浇筑、养护 5. 沉降缝、伸缩缝填塞、铺筑滤水层、制作安装泄水孔 6. 基坑及墙背回填
			d	砂砾（碎石）垫层	1. 材料规格 2. 厚度	m^3	按设计图所示。以体积计算	1. 运料 2. 铺料整平 3. 夯实

续表

项	目	节	细目	项目名称	项目特征	计量单位	工程量计算规则	工程内容
	10			锚杆挡土墙				第210节
		1		锚杆挡土墙				
			a	混凝土立柱(C…)	1. 材料规格 2. 断面尺寸 3. 强度等级	m^3	按设计图所示，以体积计算	1. 挖基、基底清理 2. 模板制作安装 3. 现浇混凝土或预制安装构件 4. 墙背回填
			b	混凝土挡板(C…)				

续表

项	目	节	细目	项目名称	项目特征	计量单位	工程量计算规则	工程内容
			c	钢筋	1. 材料规格 2. 抗拉强度等级	kg	按设计图所示，以重量计算	钢筋制作安装
			d	锚杆				1. 钻孔、清孔 2. 锚杆制作安装 3. 注浆 4. 张拉 5. 抗拔力试验
	11			加筋土挡土墙				第211节
		1		加筋土挡土墙				

续表

项	目	节	细目	项目名称	项目特征	计量单位	工程量计算规则	工程内容
			a	钢筋混凝土带挡土墙	1. 材料规格 2. 断面尺寸 3. 加筋用量 4. 强度等级	m^3	按设计图所示，以体积计算	1. 围堰排水 2. 挖基、基底清理 3. 浇筑或砌筑基础 4. 预制安装墙面板 5. 铺设加筋带 6. 沉降缝填塞、铺设滤水层、制作安装泄水孔 7. 填筑与碾压 8. 墙面封顶
			b	聚丙烯土工带挡土墙				
	12			喷射混凝土和喷浆边坡防护				第212节

续表

项	目	节	细目	项目名称	项目特征	计量单位	工程量计算规则	工程内容
		1		挂网喷浆防护边坡				
			a	挂钢丝网喷浆防护	1. 材料规格 2. 厚度 3. 强度等级	m^2	按设计图所示，以面积计算	1. 整修边坡 2. 挂网、锚固 3. 喷浆 4. 养护
			b	挂土工格栅喷浆防护				
		2		挂网锚喷混凝土防护边坡（全坡面）				

续表

项	目	节	细目	项目名称	项目特征	计量单位	工程量计算规则	工程内容
			a	挂钢筋网喷混凝土防护	1. 结构形式 2. 材料规格 3. 厚度 4. 强度等级	m^2	按设计图所示，以面积计算	1. 整修边坡 2. 挂网、锚固 3. 喷射混凝土 4. 养护
			b	挂钢丝网喷混凝土防护				
			c	挂土工格栅喷混凝土防护				
			d	锚杆	1. 材料规格 2. 抗拉强度	kg	按设计图所示，以重量计算	1. 清理边坡 2. 钻孔、清孔 3. 注浆 4. 放入锚杆、安装端头垫板 5. 抗拔力试验

续表

项	目	节	细目	项目名称	项目特征	计量单位	工程量计算规则	工程内容
		3		坡面防护				
			a	喷射水泥砂浆	1. 材料规格 2. 厚度 3. 强度等级	m^2	按设计图所示，以面积计算	1. 整修边坡 2. 喷砂浆 3. 养护
			b	喷射混凝土				1. 整修边坡 2. 喷射混凝土 3. 养护
	13			边坡加固				第 213 节
		1		预应力锚索	1. 材料规格 2. 抗拉强度	kg	按设计图所示，以重量计算	1. 整修边坡 2. 钻孔、清孔 3. 锚索制作安装 4. 张拉 5. 注浆 6. 锚固、封端 7. 抗拔力试验
		2		锚杆				

续表

项	目	节	细目	项目名称	项目特征	计量单位	工程量计算规则	工程内容
		3		锚固板		m^3	按设计图所示，以体积计算	1. 整修边坡 2. 钢筋制作安装 3. 现浇混凝土或预制安装构件 4. 养护
	14			混凝土抗滑桩				第 214 节
		1		混凝土抗滑桩				
			a	…m×…m 钢筋混凝土抗滑桩	1. 材料规格 2. 断面尺寸 3. 强度等级	m	按设计图所示，按不同桩尺寸，以长度计算	1. 挖运土石方 2. 通风排水 3. 支护 4. 钢筋制作安装 5. 灌注混凝土 6. 无破损检验

续表

项	目	节	细目	项目名称	项目特征	计量单位	工程量计算规则	工程内容
			b	钢筋混凝土挡板	1. 材料规格 2. 强度等级	m^3	按设计图所示，以体积计算	1. 钢筋制作安装 2. 现浇混凝土或预制安装挡板
	15			河道防护				第215节
		1		浆砌片石河床铺砌	1. 材料规格 2. 强度等级	m^3	按设计图所示，以体积计算	1. 围堰排水 2. 挖基、铺垫层 3. 砌筑（或抛石）、勾缝 4. 回填、夯实
		2		浆砌片石坝				
		3		浆砌片石护坡				
		4		抛片石				

续表

项	目	节	细目	项目名称	项目特征	计量单位	工程量计算规则	工程内容
	16			取弃土场恢复				第203节、第204节
		1		浆砌片石挡土墙	1. 材料规格 2. 断面尺寸 3. 强度等级	m^3	按设计图所示，以体积计算	1. 围堰排水 2. 挖基、基底清理 3. 砌石、勾缝 4. 沉降缝填塞、铺设滤水层、制作安装泄水孔 5. 抹灰压顶 6. 墙背回填
		2		浆砌片石水沟				1. 挖基整形 2. 砌筑勾缝 3. 伸缩缝填塞 4. 抹灰压顶

续表

项	目	节	细目	项目名称	项目特征	计量单位	工程量计算规则	工程内容
		3		播种草籽	1. 草籽种类 2. 养护期	m²	按设计图所示，以面积计算	1. 整修边坡、铺设表土 2. 播草籽 3. 洒水覆盖 4. 养护
		4		铺（植）草皮	1. 草皮种类 2. 铺设形式			1. 整修边坡、铺设表土 2. 铺设草皮 3. 洒水 4. 养护
		5		人工种植乔木	1. 胸径（离地 1.2m 处树干直径） 2. 高度	棵	按累计株数计算	1. 挖坑 2. 苗木运输 3. 施肥 4. 栽植 5. 清理、养护

第三节 路面工程

一、工程量清单细目

路面工程工程量清单细目见表 1-5。

工程量清单细目 表 1-5

细目号	项目名称	单位	数量	单价	合计
302-1	碎石垫层	m^2			
302-2	砂砾垫层	m^2			
303-1	石灰稳定土（或粒料）底基层	m^2			
303-2	水泥稳定土（或粒料）底基层	m^2			
303-3	石灰粉煤灰稳定土（或粒料）底基层	m^2			
303-4	级配碎（砾）石底基层	m^2			
304-1	水泥稳定粒料基层	m^2			

续表

细目号	项目名称	单位	数量	单价	合计
304-2	石灰粉煤灰稳定基层	m^2			
304-3	级配碎（砾）石基层	m^2			
304-4	贫混凝土基层	m^2			
304-5	沥青稳定碎石基层	m^2			
307-1	透层	m^2			
307-2	粘层	m^2			
307-3	封层				
-a	沥青表处封层	m^2			
-b	稀浆封层	m^2			
308-1	细粒式沥青混凝土面层	m^2			
308-2	中粒式沥青混凝土面层	m^2			
308-3	粗粒式沥青混凝土面层	m^2			
309-1	沥青表面处治				
-a	沥青表面处治（层铺）	m^2			
-b	沥青表面处治（拌合）	m^2			
309-2	沥青贯入式面层	m^2			
309-3	泥结碎（砾）石路面	m^2			

续表

细目号	项目名称	单位	数量	单价	合计
309-4	级配碎（砾）石面层	m^2			
309-5	天然砂砾面层	m^2			
310-1	改性沥青面层	m^2			
310-2	SMA 面层	m^2			
311-1	水泥混凝土面层	m^2			
311-2	连续配筋混凝土面层	m^2			
311-3	钢筋	kg			
312-1	培土路肩	m^3			
312-2	中央分隔带填土	m^3			
312-3	现浇混凝土加固土路肩	m			
312-4	混凝土预制块加固土路肩	m			
312-5	混凝土预制块路缘石	m			
313-1	中央分隔带排水				
-a	沥青油毡防水层	m^2/m			
-b	中央分隔带渗沟	m			
313-2	超高排水				
-a	纵向雨水沟（管）	m			

续表

细目号	项目名称	单位	数量	单价	合计
-b	混凝土集水井	座			
-c	横向排水管	m			
313-3	路肩排水				
-a	沥青混凝土拦水带	m			
-b	水泥混凝土拦水带	m			
-c	混凝土路肩排水沟	m			
-d	砂砾（碎石）垫层	m^3			
-e	土工布	m^2			

清单　第 300 章合计　人民币＿＿＿＿＿

二、工程量清单计量规则

1. 工程内容

路面工程包括：垫层、底基层、基层、沥青混凝土面层、水泥混凝土面层、其他面层、透层、粘层、封层、路面排水、路面其他工程。

2. 有关问题的说明及提示

（1）水泥混凝土路面模板制作安装及缩缝、胀缝的填灌缝材料、高密度橡胶板，均包含在不同厚度水泥混凝土面层的工程项目中，不另行计量。

（2）水泥混凝土路面养护用的养护剂、覆盖的麻袋、养护器材等，均包含在浇筑不同厚度水泥混凝土面层的工程项目中，不另行计量。

（3）水泥混凝土路面的钢筋包含传力杆、拉杆、补强角隅钢筋及结构受力连续钢筋、支架钢筋。

（4）沥青混凝土路面和水泥混凝土路面所需的外掺剂不另行计量。

（5）沥青混合料、水泥混凝土和（底）基层混合料拌合场站、贮料场的建设、拆除、恢复均包含在相应工程项目中，不另行计量。

（6）钢筋的除锈、制作安装、成品运输，均包含在相应工程的项目中，不另行计量。

3. 路面工程工程量清单计量规则

路面工程工程量清单计量规则见表 1-6。

工程量清单计量规则 表 1-6

项	目	节	细目	项目名称	项目特征	计量单位	工程量计量规则	工程内容
三				路面				第 300 章
	2			路面垫层				第 302 节
		1		碎石垫层	1. 材料规格 2. 厚度 3. 强度等级	m^2	按设计图所示，按不同厚度以顶面面积计算	1. 清理下承层 2. 配运料 3. 摊铺、整形 4. 碾压 5. 养护
		2		砂砾垫层				
	3			路面底基层				第 303 节、第 304 节、第 305 节、第 306 节

续表

项	目	节	细目	项目名称	项目特征	计量单位	工程量计量规则	工程内容
		1		石灰稳定土（或粒料）底基层	1. 材料规格 2. 配比 3. 厚度 4. 强度等级	m^3	按设计图所示，以体积计算	1. 清理下承层 2. 拌和、运输 3. 摊铺、整形 4. 碾压 5. 养护
		2		水泥稳定土（或粒料）底基层				
		3		石灰粉煤灰稳定土（或粒料）底基层				
		4		级配碎（砾）石底基层	1. 材料规格 2. 级配 3. 厚度 4. 强度等级			

续表

项	目	节	细目	项目名称	项目特征	计量单位	工程量计量规则	工程内容
	4			路面基层				第 304 节、第 305 节、第 306 节
		1		水泥稳定粒料基层	1. 材料规格 2. 掺配量 3. 厚度 4. 强度等级	m³	按设计图所示，以体积计算	1. 清理下承层、洒水 2. 拌合、运输 3. 摊铺、整形 4. 碾压 5. 养护
		2		石灰粉煤灰稳定粒料基层				
		3		级配碎（砾）石基层	1. 材料规格 2. 掺配量 3. 厚度 4. 强度等级			

续表

项	目	节	细目	项目名称	项目特征	计量单位	工程量计量规则	工程内容
		4		贫混凝土基层	1. 材料规格 2. 厚度 3. 强度等级	m^3	按设计图所示，以体积计算	1. 清理下承层、洒水 2. 拌合、运输 3. 摊铺、整形 4. 碾压 5. 养护
		5		沥青稳定碎石基层	1. 材料规格 2. 沥青含量 3. 厚度 4. 强度等级			1. 清理下承层 2. 铺碎石 3. 洒铺沥青 4. 碾压

续表

项	目	节	细目	项目名称	项目特征	计量单位	工程量计量规则	工程内容
	7			透层、粘层、封层				第 307 节
		1		透层	1. 材料规格 2. 沥青用量	m^2	按设计图所示以面积计算	1. 清理下承层 2. 沥青加热、掺配运输 3. 洒油、撒矿料 4. 养护
		2		粘层				
		3		封层				

续表

项	目	节	细目	项目名称	项目特征	计量单位	工程量计量规则	工程内容
			a	沥青表处封层	1. 材料规格 2. 厚度 3. 沥青用量	m^2	按设计图所示，按不同厚度以面积计算	1. 清理下承层 2. 沥青加热、掺配运输 3. 洒油、撒矿料 4. 碾压 5. 养护
			b	稀浆封层				1. 清理下承层 2. 拌合 3. 摊铺 4. 碾压 5. 养护
	8			沥青混凝土面层				第308节

续表

项	目	节	细目	项目名称	项目特征	计量单位	工程量计量规则	工程内容
		1		细粒式沥青混凝土面层	1. 材料规格 2. 配合比 3. 厚度 4. 压实度	m^2	按设计图所示，按不同厚度以面积计算	1. 清理下承层 2. 拌合、运输 3. 摊铺、整形 4. 碾压
		2		中粒式沥青混凝土面层				
		3		粗粒式沥青混凝土面层				
	9			表面处治及其他面层				第 309 节
		1		沥青表面处治				

续表

项	目	节	细目	项目名称	项目特征	计量单位	工程量计量规则	工程内容
			a	沥青表面处治（层铺）	1. 材料规格 2. 沥青用量 3. 厚度	m^2	按设计图所示，按不同厚度以面积计算	1. 清理下承层 2. 沥青加热、运输 3. 铺矿料 4. 洒油 5. 整形 6. 碾压 7. 养护
			b	沥青表面处治（拌合）	1. 材料规格 2. 配合比 3. 厚度 4. 压实度			1. 清理下承层 2. 拌合、运输 3. 摊铺、整形 4. 碾压

续表

项	目	节	细目	项目名称	项目特征	计量单位	工程量计量规则	工程内容
		2		沥青贯入式面层	1. 材料规格 2. 沥青用量 3. 厚度	m^2	按设计图所示，按不同厚度以面积计算	1. 清理下承层 2. 沥青加热、运输 3. 铺矿料 4. 洒油 5. 整形 6. 碾压 7. 养护
		3		泥结碎（砾）石路面	1. 材料规格 2. 厚度	m^2	按设计图所示，按不同厚度以面积计算	1. 清理下承层 2. 铺料整平 3. 调浆、灌浆 4. 撒嵌缝料 5. 洒水 6. 碾压 7. 铺保护层

续表

项	目	节	细目	项目名称	项目特征	计量单位	工程量计量规则	工程内容
		4		级配碎（砾）石路面	1. 材料规格 2. 级配 3. 厚度	m^2	按设计图所示，按不同厚度以面积计算	1. 清理下承层 2. 配运料 3. 摊铺 4. 洒水 5. 碾压
		5		天然砂砾路面	1. 材料规格 2. 厚度			1. 清理下承层 2. 运输铺料、整平 3. 洒水 4. 碾压
	10			改性沥青混凝土面层				第310节

续表

项	目	节	细目	项目名称	项目特征	计量单位	工程量计量规则	工程内容
		1		改性沥青面层	1. 材料规格 2. 配合比 3. 外掺材料品种、用量 4. 厚度 5. 压实度	m^2	按设计图所示，按不同厚度以面积计算	1. 清理下承层 2. 拌合、运输 3. 摊铺、整形 4. 洒水碾压 5. 养护
		2		SMA 面层				
	11			水泥混凝土面层				第 311 节

0

续表

项	目	节	细目	项目名称	项目特征	计量单位	工程量计量规则	工程内容
		1		水泥混凝土面层	1. 材料规格 2. 配合比 3. 外掺材料品种、用量 4. 厚度 5. 强度等级	m²	按设计图所示，按不同厚度以面积计算	1. 清理下承层、湿润 2. 拌合、运输 3. 摊铺、抹平 4. 压（刻）纹 5. 胀缝制作安装 6. 切缝、灌缝 7. 养护
		2		连续配筋混凝土面层				
		3		钢筋	1. 材料规格 2. 抗拉强度	kg	按设计图所示，各规格钢筋按有效长度（不计入规定的搭接长度）以重量计算	1. 钢筋制作安装

续表

项	目	节	细目	项目名称	项目特征	计量单位	工程量计量规则	工程内容
	12			培土路肩、中央分隔带回填土、土路肩加固及路缘石				第 312 节
		1		培土路肩	1. 土壤类别 2. 压实度	m^3	按设计图所示，按压实体积计算	1. 挖运土 2. 培土、整形 3. 压实
		2		中央分隔带填土				
		3		现浇混凝土加固土路肩	1. 材料规格 2. 断面尺寸 3. 垫层厚度 4. 强度等级	m	按设计图所示，沿路肩表面量测，以长度计算	1. 清理下承层 2. 配运料 3. 浇筑 4. 接缝处理 5. 养护

续表

项	目	节	细目	项目名称	项目特征	计量单位	工程量计量规则	工程内容
		4		混凝土预制块加固土路肩				
		5		混凝土预制块路缘石	1. 断面尺寸 2. 强度等级		按设计图所示，以长度计算	1. 预制构件 2. 运输 3. 砌筑、勾缝
	13			路面及中央分隔带排水				第 313 节
		1		中央分隔带排水				
			a	沥青油毡防水层	1. 材料规格	m^2	按设计图所示，以铺设的净面积计算（不计入按规范要求的搭接卷边部分）	1. 挖运土石方 2. 粘贴沥青油毡 3. 接头处理 4. 涂刷沥青 5. 回填

续表

项	目	节	细目	项目名称	项目特征	计量单位	工程量计量规则	工程内容
			b	中央分隔带渗沟	1. 材料规格 2. 断面尺寸	m	按设计图所示，按不同断面尺寸以长度计算	1. 挖运土石方 2. 土工布铺设 3. 埋设 PVC 管 4. 填碎石(砾石) 5. 回填
		2		超高排水				
			a	纵向雨水沟(管)	1. 材料规格 2. 断面尺寸 3. 强度等级	m	按设计图所示，按不同断面尺寸以长度计量	1. 挖运土石方 2. 现浇（预制）沟管或安装 PVC 管 3. 伸缩缝填塞 4. 现浇或预制安装端部混凝土 5. 栅形盖板预制安装 6. 回填

续表

项	目	节	细目	项目名称	项目特征	计量单位	工程量计量规则	工程内容
			b	混凝土集水井	1. 材料规格 2. 断面尺寸 3. 强度等级	座	按设计图所示，按不同尺寸以座计量	1. 挖运土石方 2. 现浇或预制混凝土 3. 钢筋混凝土盖板预制安装 4. 回填
			c	横向排水管	1. 材料规格	m	按设计图所示，按不同孔径以长度计量	1. 挖运土石方 2. 铺垫层 3. 安装排水管 4. 接头处理 5. 回填
		3		路肩排水				

续表

项	目	节	细目	项目名称	项目特征	计量单位	工程量计量规则	工程内容
			a	沥青混凝土拦水带	1. 材料规格 2. 断面尺寸 3. 配合比	m	按设计图所示，沿路肩表面量测以长度计量	1. 拌合、运输 2. 铺筑
			b	水泥混凝土拦水带	1. 材料规格 2. 断面尺寸 3. 强度等级			1. 配运料 2. 现浇或预制混凝土 3. 砌筑（包括漫槽） 4. 勾缝

续表

项	目	节	细目	项目名称	项目特征	计量单位	工程量计量规则	工程内容
			c	砂砾（碎石）垫层	1. 材料规格 2. 厚度	m^3	按设计图所示，以压实体积计量	1. 运料 2. 铺料、整平 3. 夯实
			d	土工布	1. 材料规格	m^2	按设计图所示，以铺设净面积计算（不计入按规范要求的搭接卷边部分）	1. 下层整平 2. 铺设土工布 3. 搭接及锚固土工布

第四节　桥梁涵洞工程

一、工程量清单细目

桥梁涵洞工程工程量清单细目见表1-7。

工程量清单细目　　表1-7

清单　第400章　桥梁涵洞					
细目号	项目名称	单位	数量	单价	合价
401-1	桥梁荷载试验（暂定工程量）	总额			
401-2	补充地质勘探及取样钻探（暂定工程量）	总额			
401-3	钻取混凝土芯样（暂定工程量）	总额			
401-4	无破损检测	总额			
403-1	基础钢筋				
-a	光圆钢筋	kg			
-b	带肋钢筋 HRB335、HRB400	kg			
403-2	下部结构钢筋				
-a	光圆钢筋	kg			
-b	带肋钢筋	kg			

续表

细目号	项目名称	单位	数量	单价	合价
403-3	上部结构钢筋				
-a	光圆钢筋	kg			
-b	带肋钢筋	kg			
403-4	钢管拱钢材	kg			
404-1	干处挖土方	m^3			
404-2	干处挖石方	m^3			
404-3	水中挖土方	m^3			
404-4	水中挖石方	m^3			
405-1	水中钻孔灌注桩	m			
405-2	陆上钻孔灌注桩	m			
405-3	人工挖孔灌注桩	m			
406-1	钢筋混凝土沉桩	m			
406-2	预应力钢筋混凝土沉桩	m			
409-1	混凝土或钢筋混凝土沉井				
-a	井壁混凝土	m^3			
-b	顶板混凝土	m^3			

续表

细目号	项目名称	单位	数量	单价	合价
-c	填芯混凝土	m^3			
-d	封底混凝土	m^3			
409-2	钢沉井				
-a	钢壳沉井	t			
-b	顶板混凝土	m^3			
-c	填芯混凝土	m^3			
-d	封底混凝土	m^3			
410-1	基础				
-a	混凝土基础	m^3			
410-2	下部结构混凝土				
-a	斜拉桥索塔	m^3			
-b	重力式U形桥台	m^3			
-c	肋板式桥台	m^3			
-d	轻型桥台	m^3			
-e	柱式桥墩	m^3			
-f	薄壁式桥墩	m^3			
-g	空心桥墩	m^3			

续表

细目号	项目名称	单位	数量	单价	合价
410-3	上部结构混凝土				
-a	连续刚构	m^3			
-b	混凝土箱形梁	m^3			
-c	混凝土 T 形梁	m^3			
-d	钢管拱	m^3			
-e	混凝土拱	m^3			
-f	混凝土空心板	m^3			
-g	混凝土矩形板	m^3			
-h	混凝土肋板	m^3			
410-6	现浇混凝土附属结构				
-a	人行道	m^3			
-b	防撞墙（包括金属扶手）	m^3			
-c	护栏	m^3			
-d	桥头搭板	m^3			
-e	抗震挡块	m^3			
-f	支座垫石	m^3			
410-7	预制混凝土附属结构（栏杆、护栏、人行道）				

续表

细目号	项目名称	单位	数量	单价	合价
-a	缘石	m^3			
-b	人行道	m^3			
-c	栏杆	m^3			
411-1	先张法预应力钢丝	kg			
411-2	先张法预应力钢绞线	kg			
411-3	先张法预应力钢筋	kg			
411-4	后张法预应力钢丝	kg			
411-5	后张法预应力钢绞线	kg			
411-6	后张法预应力钢筋	kg			
411-7	斜拉索	kg			
413-1	浆砌片石	m^3			
413-2	浆砌块石	m^3			
413-3	浆砌料石	m^3			
413-4	浆砌预制混凝土块	m^3			
415-1	沥青混凝土桥面铺装	m^2			
415-2	水泥混凝土桥面铺装	m^2			
415-3	防水层	m^2			

续表

细目号	项目名称	单位	数量	单价	合价
416-1	矩形板式橡胶支座				
-a	固定支座	dm^3			
-b	活动支座	dm^3			
416-2	圆形板式橡胶支座				
-a	固定支座	dm^3			
-b	活动支座	dm^3			
416-3	球冠圆板式橡胶支座				
-a	固定支座	dm^3			
-b	活动拽座	dm^3			
416-4	盆式支座				
-a	固定支座	套			
-b	单向活动支座	套			
-c	双向活动支座	套			
417-1	橡胶伸缩装置	m			
417-2	模数式伸缩装置	m			
417-3	填充式材料伸缩装置	m			

续表

细目号	项目名称	单位	数量	单价	合价
419-1	单孔钢筋混凝土圆管涵	m			
419-2	双孔钢筋混凝土圆管涵	m			
419-3	倒虹吸管涵				
-a	不带套箱	m			
-b	带套箱	m			
420-1	钢筋混凝土盖板涵	m			
420-2	钢筋混凝土箱涵	m			
421-1	石砌拱涵	m			
421-2	混凝土拱涵	m			
421-3	钢筋混凝土拱涵	m			
422-1	钢筋混凝土盖板通道	m			
422-2	现浇混凝土拱形通道	m			

清单　第 400 章合计　　人民币＿＿＿＿＿

二、工程量清单计量规则

1. 工程内容

桥梁涵洞工程包括：桥梁荷载试验、补充地质勘探、钢筋、挖基、混凝土灌注桩、钢筋混凝土沉桩、钢筋混凝土沉井、扩大基础；现浇混凝土下部构造，混凝土上部构造。预应力钢材，现浇预应力上部构造，预制预应力混凝土上部构造，斜拉桥上部构造，钢架拱上部构造；浆砌块片石及混凝土预制块、桥面铺装、桥梁支座、伸缩缝装置、涵洞工程。

2. 有关问题的说明及提示

（1）基础、下部构造、上部构造混凝土的钢筋，包括钢筋及钢筋骨架用的钢丝、钢板、套筒、焊接、钢筋垫块或其他固定钢筋的材料以及钢筋除锈、制作安装、成品运输，作为钢筋工程的附属工作，不另行计量。

（2）附属结构、圆管涵、倒虹吸管、盖板涵、拱涵、通道的钢筋，均包含在各项目内，不另行计量。附属结构包括缘石、人行道、防撞墙、栏杆、护栏、桥头搭板、枕梁、抗震挡块、支座垫块等构造物。

(3) 预应力钢材、斜拉索的除锈制作安装运输及锚具、锚垫板、定位筋、连接件、封锚、护套、支架、附属装置和所有预埋件，包括在相应的工程项目内，不另行计量。

(4) 工程项目涉及的养护、场地清理、吊装设备、拱盔、支架、工作平台、脚手架的搭设及拆除、模板的安装及拆除，均包含在相应工程项目内不另行计量。

(5) 混凝土拌合场站、构件预制场、贮料场的建设、拆除、恢复，安装架设设备摊销、预应力张拉台座的设置及拆除均包含在相应工程项目内，不另行计量。

材料的计量尺寸为设计净尺寸。

(6) 桥梁支座，包括固定支座、圆板式支座、球冠圆板式支座，以体积立方分米(dm^3)计量，盆式支座按套计量。

3. 桥梁涵洞工程工程量清单计量规则

桥梁涵洞工程工程量清单计量规则见表1-8。

工程量清单计量规则　　表 1-8

项	目	节	细目	项目名称	项目特征	计量单位	工程量计量规则	工程内容
四				桥梁涵洞				第 400 章
	1			检测				第 401 节、第 408 节
		1		桥梁荷载试验(暂定工程量)	1. 结构类型 2. 桩长、桩径	总额	按规定检测内容，以总额计算	1. 荷载试验(桥梁、桩基) 2. 破坏试验
		2		补充地质勘探及取样钻探（暂定工程量）	1. 地质类别 2. 深度			1. 荷载试验(桥梁、桩基) 2. 破坏试验
		3		钻取混凝土芯样(暂定工程量)	1. 桩长、桩径			钻芯取样
		4		无破损检测				1. 检测

续表

项	目	节	细目	项目名称	项目特征	计量单位	工程量计量规则	工程内容
	3			钢筋				第 403 节
		1		基础钢筋				
			a	光圆钢筋	1. 材料规格 2. 抗拉强度	kg	按设计图所示，各规格钢筋按有效长度（不计入规定的搭接长度）以重量计算	1. 制作、安装 2. 搭接
			b	带肋钢筋				
		2		下部结构钢筋				

续表

项	目	节	细目	项目名称	项目特征	计量单位	工程量计量规则	工程内容
			a	光圆钢筋	1. 材料规格 2. 抗拉强度	kg	按设计图所示，各规格钢筋按有效长度（不计入规定的搭接长度）以重量计算	1. 制作、安装 2. 搭接
			b	带肋钢筋				
		3		上部结构钢筋				
			a	光圆钢筋	1. 材料规格 2. 抗拉强度	kg	按设计图所示，各规格钢筋按有效长度（不计入规定的搭接长度及吊钩）以重量计算	1. 制作、安装 2. 搭接
			b	带肋钢筋				

续表

项	目	节	细目	项目名称	项目特征	计量单位	工程量计量规则	工程内容
		4		钢管拱钢材	1. 材料规格 2. 技术指标	kg	按设计图所示，以重量计算	1. 除锈防锈 2. 制作焊接 3. 定位安装 4. 检测
	4			基础挖方及回填				第 404 节
		1		干处挖土方	1. 土壤类别	m^3	按设计图所示，基础所占面积周边外加宽 0.5m，垂直由河床顶面至基础底标高实际工程体积计算（因施工、放坡、立模而超挖的土方不另计量）	1. 防排水 2. 基坑支撑 3. 挖运土石方 4. 清理回填
		2		干处挖石方				
		3		水中挖土方				1. 围堰、排水 2. 基坑支撑 3. 挖运土石方 4. 清理回填
		4		水中挖石方				

续表

项	目	节	细目	项目名称	项目特征	计量单位	工程量计量规则	工程内容
	5			混凝土灌注桩				第 405 节、第 407 节
		1		水中钻孔灌注桩	1. 土壤类别 2. 桩长、桩径 3. 强度等级	m	按设计图所示，在设计施工水位以下，按不同桩径的钻孔灌注桩以长度（桩底标高至承台底面或系梁底面标高，无承台或系梁时，则以桩位处地面线为分界线，地面线以下部分为灌注桩桩长）计算	1. 搭设作业平台或围堰筑岛 2. 安置护筒 3. 护壁、钻进成孔、清孔 4. 埋检测管 5. 浇筑混凝土 6. 锉桩头

续表

项	目	节	细目	项目名称	项目特征	计量单位	工程量计量规则	工程内容
		2		陆上钻孔灌注桩			按设计图所示，按不同桩径的钻孔灌注桩以长度（桩底标高至承台底面或系梁底面标高，无承台或系梁时，则以桩位处地面线为分界线，地面线以下部分为灌注桩桩长）计算	1. 挖孔、抽水 2. 护壁 3. 浇混凝土
		3		人工挖孔灌注桩				

续表

项	目	节	细目	项目名称	项目特征	计量单位	工程量计量规则	工程内容
	6			沉桩				第406节
		1		钢筋混凝土沉桩	1. 土壤类别 2. 桩长、桩径 3. 强度等级	m	按设计图所示，以桩尖标高至承台底或盖梁底标高长度计算	1. 预制混凝土桩 2. 运输 3. 锤击、射水、接桩
		2		预应力钢筋混凝土沉桩				
	9			沉井				第409节
		1		混凝土或钢筋混凝土沉井				

续表

项	目	节	细目	项目名称	项目特征	计量单位	工程量计量规则	工程内容
			a	井壁混凝土	1. 土壤类别 2. 桩长、桩径 3. 强度等级	m^3	按设计图所示，以体积计算	1. 围堰筑岛 2. 现浇或预制沉井 3. 浮运 4. 抽水、下沉 5. 浇筑混凝土 6. 挖井内土及基底处理 7. 浇注混凝土 8. 清理恢复河道
			b	顶板混凝土				
			c	填芯混凝土				
			d	封底混凝土				
		2		钢沉井				

续表

项	目	节	细目	项目名称	项目特征	计量单位	工程量计量规则	工程内容
			a	钢壳沉井	1. 材料规格 2. 土壤类别 3. 断面尺寸	t	按设计图所示，以重量计算	1. 制作 2. 浮运或筑岛 3. 下沉 4. 挖井内土及基底处理 5. 切割回收 6. 清理恢复河道
			b	顶板混凝土	1. 强度等级	m^3	按设计图所示，以体积计算	1. 浇筑混凝土
			c	填芯混凝土				
			d	封底混凝土				

续表

项	目	节	细目	项目名称	项目特征	计量单位	工程量计量规则	工程内容
	10			结构混凝土工程				第410节、第412节、第414节、第418节
		1		基础				
			a	混凝土基础（包括支撑梁、桩基承台，但不包括桩基）	1. 断面尺寸 2. 强度等级 3. 结构类型	m^3	按设计图所示，以体积计算	1. 套箱或模板制作、安装、拆除 2. 混凝土浇筑 3. 养护
		2		下部结构混凝土				

续表

项	目	节	细目	项目名称	项目特征	计量单位	工程量计量规则	工程内容
			a	斜拉桥索塔	1. 断面尺寸 2. 强度等级 3. 部位	m^3	按设计图所示，以体积计算	1. 支架、模板、劲性骨架制作安装及拆除 2. 浇筑混凝土 3. 养护
			b	重力式U形桥台				
			c	肋板式桥台				
			d	轻型桥台				
			e	柱式桥墩				
			f	薄壁式桥墩				
			g	空心桥墩				
		3		上部结构混凝土				

续表

项	目	节	细目	项目名称	项目特征	计量单位	工程量计量规则	工程内容
			a	连续钢构	1. 断面尺寸 2. 强度等级	m^3	按设计图所示，以体积计算	1. 支架模板制作、安装、拆除 2. 预埋钢筋、钢材制作、安装 3. 浇筑混凝土 4. 构件运输安装 5. 养护
			b	混凝土箱形梁				
			c	混凝土 T 形梁				
			d	钢管拱				
			e	混凝土拱				
			f	混凝土空心板				
			g	混凝土矩形板				
			h	混凝土肋板				
		6		现浇混凝土附属结构				

续表

项	目	节	细目	项目名称	项目特征	计量单位	工程量计量规则	工程内容
			a	人行道	1. 结构形式 2. 材料规格 3. 强度等级	m^3	按设计图所示，以体积计算	1. 钢筋、钢板、钢管制作安装 2. 浇筑混凝土 3. 运输构件 4. 养护
			b	防撞墙（包括金属扶手）				
			c	护栏				
			d	桥头搭板				
			e	抗震挡块				
			f	支座垫石				
		7		预制混凝土附属结构（栏杆、缘石、人行道）				

续表

项	目	节	细目	项目名称	项目特征	计量单位	工程量计量规则	工程内容
			a	缘石	1. 结构形式 2. 强度等级	m^3	按设计图所示，以体积计算	1. 钢筋制作安装 2. 预制混凝土构件 3. 运输 4. 砌筑安装 5. 勾缝
			b	人行道				
			c	栏杆				
	11			预应力钢材				第411节
		1		先张法预应力钢丝	1. 材料规格 2. 抗拉强度	kg	按设计图所示，以埋入混凝土中的实际长度计算（不计入工作长度）	1. 制作 2. 浮运或筑岛 3. 下沉 4. 挖井内土及基底处理 5. 切割回收 6. 清理恢复河道
		2		先张法预应力钢绞线				
		3		先张法预应力钢筋				

续表

项	目	节	细目	项目名称	项目特征	计量单位	工程量计量规则	工程内容
		4		后张法预应力钢丝	1. 材料规格 2. 抗拉强度	kg	按设计图所示，以两端锚具间的理论长度长度计算（不计入工作长度）	1. 制作 2. 浮运或筑岛 3. 下沉 4. 挖井内土及基底处理 5. 切割回收 6. 清理恢复河道
		5		后张法预应力钢绞线				
		6		后张法预应力钢筋				
		7		斜拉索			按设计图所示，以斜拉索的重量计算	1. 放索 2. 牵引 3. 安装 4. 张拉 5. 索力调整 6. 锚固 7. 防护 8. 安装放松、减振设施 9. 静载试验

续表

项	目	节	细目	项目名称	项目特征	计量单位	工程量计量规则	工程内容
	13			砌石工程				第413节
		1		浆砌片石	1. 材料规格 2. 强度等级	m³	按设计图所示，以体积计算	1. 选修石料 2. 拌运砂浆 3. 运输 4. 砌筑、沉降缝填塞 5. 勾缝
		2		浆砌块石				
		3		浆砌料石				
		4		浆砌预制混凝土块	1. 断面尺寸 2. 强度等级			1. 预制混凝土块 2. 拌运砂浆 3. 运输 4. 砌筑 5. 勾缝

续表

项	目	节	细目	项目名称	项目特征	计量单位	工程量计量规则	工程内容
	15			桥面铺装				第415节
		1		沥青混凝土桥面铺装	1. 材料规格 2. 配合比 3. 厚度 4. 压实度	m²	按设计图所示，以面积计算	1. 桥面清洗、安装泄水管 2. 拌合运输 3. 摊铺 4. 碾压
		2		水泥混凝土桥面铺装	1. 材料规格 2. 断面尺寸 3. 垫层厚度 4. 强度等级			1. 桥面清洗、安装泄水管 2. 拌合运输 3. 摊铺 4. 压（刻）纹
		3		防水层				1. 桥面清洗 2. 加防剂拌合运输 3. 摊铺

续表

项	目	节	细目	项目名称	项目特征	计量单位	工程量计量规则	工程内容
	16			桥梁支座				第416节
		1		矩形板式橡胶支座				
			a	固定支座	1. 材料规格 2. 强度等级	dm^3	按设计图所示的体积计算	1. 安装
			b	活动支座				
		2		圆形式橡胶支座				
			a	固定支座	1. 材料规格 2. 强度等级	dm^3	按设计图所示的体积计算	1. 安装
			b	活动支座				

续表

项	目	节	细目	项目名称	项目特征	计量单位	工程量计量规则	工程内容
		3		球冠圆形式橡胶支座				
			a	固定支座	1. 材料规格 2. 强度等级	dm^3	按设计图所示的体积计算	1. 安装
			b	活动支座				
		4		盆式支座				
			a	固定支座	1. 材料规格 2. 强度等级	套	按设计图所示的个（或套）累加数计算	1. 安装
			b	单向活动支座				
			c	双向活动支座				
	17			桥梁伸缩缝				第417节

续表

项	目	节	细目	项目名称	项目特征	计量单位	工程量计量规则	工程内容
		1		橡胶伸缩装置	1. 材料规格 2. 伸缩量	m	按设计图所示的长度计算	1. 缝隙的处理 2. 制作安装伸缩缝
		2		模数式伸缩装置				
		3		填充式材料伸缩装置				
	19			圆管涵及倒虹吸				第418、419节

续表

项	目	节	细目	项目名称	项目特征	计量单位	工程量计量规则	工程内容
		1		单孔钢筋混凝土圆管涵	1. 孔径 2. 强度等级	m	按设计图所示，按不同孔径的涵身长度计算（进出口端墙外侧间距离）	1. 排水 2. 挖基、基底表面处理 3. 基座砌筑或浇筑 4. 预制或现浇钢筋混凝土管 5. 安装、接缝 6. 铺涂防水层 7. 砌筑进出口（端墙、翼墙、八字墙井口） 8. 回填
		2		双孔钢筋混凝土圆管涵				

续表

项	目	节	细目	项目名称	项目特征	计量单位	工程量计量规则	工程内容
		3		倒虹吸管涵				第418、420节
			a	不带套箱	1. 管径 2. 强度等级	m	按不同孔径，以沿涵洞中心线量测的进出洞口之间的洞身长度计算	1. 排水 2. 挖基、基底表面处理 3. 基座砌筑或浇筑 4. 预制或现浇钢筋混凝土管 5. 安装、接缝 6. 铺涂防水层 7. 砌筑进出口（端墙、翼墙、八字墙井口） 8. 回填

续表

项	目	节	细目	项目名称	项目特征	计量单位	工程量计量规则	工程内容
			b	带套箱	1. 管径 2. 断面尺寸 3. 强度等级	m	按不同断面尺寸，以沿涵洞中心线量测的进出洞口之间的洞身长度计算	1. 排水 2. 挖基、基底表面处理 3. 基座砌筑或浇筑 4. 预制或现浇钢筋混凝土管 5. 安装、接缝 6. 支架、模板、制作安装、拆除 7. 钢筋制作安装 8. 混凝土浇筑、养护、沉降缝填塞、铺涂防水层 9. 砌筑进出口（端墙、翼墙、八字墙井口）

续表

项	目	节	细目	项目名称	项目特征	计量单位	工程量计量规则	工程内容
	20			盖板涵、箱涵				
		1		钢筋混凝土盖板涵	1. 断面尺寸 2. 强度等级	m	按设计图纸所示，按不同断面尺寸以长度计算（进出口端墙间距离）	1. 排水 2. 挖基、基底表面处理 3. 支架、模板、制作安装、拆除 4. 钢筋制作安装 5. 混凝土浇筑、养护 6. 沉降缝填塞、铺涂防水层 7. 铺底及砌筑进出口
		2		钢筋混凝土箱涵				

续表

项	目	节	细目	项目名称	项目特征	计量单位	工程量计量规则	工程内容
	21			拱涵				第418、421节
		1		石砌拱涵	1. 材料规格 2. 断面尺寸 3. 强度等级	m	按不同孔径，以沿涵洞中心线量测的进出洞口之间的洞身长度计算	1. 排水 2. 挖基、基底表面处理 3. 支架、拱盔制作安装及拆除 4. 石料或混凝土预制块砌筑 5. 混凝土浇筑、养护 6. 沉降缝填塞、铺涂防水层 7. 铺底及砌筑进出口
		2		混凝土拱涵	1. 断面尺寸 2. 强度等级			

续表

项	目	节	细目	项目名称	项目特征	计量单位	工程量计量规则	工程内容
		3		钢筋混凝土拱涵	1. 断面尺寸 2. 强度等级	m	按不同断面尺寸，以沿涵洞中心线量测的进出洞口之间的洞身长度计算	1. 排水 2. 挖基、基底表面处理 3. 支架、拱盔制作安装及拆除 4. 钢筋制作安装 5. 混凝土浇筑、养护 6. 沉降缝填塞、铺涂防水层 7. 铺底及砌筑进出口
	22			通道				第418、420、421节

续表

项	目	节	细目	项目名称	项目特征	计量单位	工程量计量规则	工程内容
		1		钢筋混凝土盖板通道	1. 断面尺寸 2. 强度等级	m	按设计图纸所示，按不同断面尺寸以长度计算（进出口端墙间距离）	1. 排水 2. 挖基、基底表面处理 3. 支架、模板、制作安装、拆除 4. 钢筋制作安装 5. 混凝土浇筑、养护 6. 沉降缝填塞、铺涂防水层 7. 铺底及砌筑进出口 8. 通道范围内的道路
		2		钢筋混凝土拱形通道				

第五节 隧 道 工 程

一、工程量清单细目

隧道工程工程量清单细目见表1-9。

工程量清单细目　　　　表1-9

清单　第500章　隧道

细目号	项目名称	单位	数量	单价	合计
502-1	洞口、明洞开挖				
-a	挖土方	m^3			
-b	挖石方	m^3			
-c	弃方超运	m^3. km			
502-2	防水与排水				
-a	浆砌片石沟、截水沟、排水沟	m^3			
-b	浆砌混凝土预制块水沟	m^3			
-c	现浇混凝土水沟	m^3			
-d	渗沟	m^3			
-e	暗沟	m^3			
-f	排水管	m			

续表

细目号	项目名称	单位	数量	单价	合计
-g	混凝土拦水块	m^3			
-h	防水混凝土	m^3			
-i	黏土隔离层	m^3			
-j	复合防水板	m^2			
-k	复合土工膜	m^2			
502-3	洞口坡面防护				
-a	浆砌片石	m^3			
-b	浆砌混凝土预制块	m^3			
-c	现浇混凝土	m^3			
-d	喷射混凝土	m^3			
-e	锚杆	m			
-f	钢筋网	kg			
-g	植草	m^2			
-h	土工格室草皮	m^2			
-i	洞顶防落网	m^2			
502-4	洞门建筑				

续表

细目号	项目名称	单位	数量	单价	合计
-a	浆砌片石	m^3			
-b	浆砌料（块）石	m^3			
-c	片石混凝土	m^3			
-d	现浇混凝土	m^3			
-e	镶面	m^3			
-f	光圆钢筋	kg			
-g	带肋钢筋	kg			
-h	锚杆	m			
502-5	明洞衬砌				
-a	浆砌料（块）石	m^3			
-b	现浇混凝土	m^3			
-c	光圆钢筋	kg			
-d	带肋钢筋	kg			
502-6	遮光棚（板）				
-a	现浇混凝土	m^3			

续表

细目号	项目名称	单位	数量	单价	合计
-b	光圆钢筋	kg			
-c	带肋钢筋	kg			
502-7	洞顶（边墙墙背）回填				
-a	回填土石方	m^3			
502-8	洞外挡土墙				
-a	浆砌片石	m^3			
503-1	洞身开挖				
-a	挖土方	m^3			
-b	挖石方	m^3			
-c	弃方超运	m^3. km			
503-2	超前支护				
-a	注浆小导管	m			
-b	超前锚杆	m			

续表

细目号	项目名称	单位	数量	单价	合计
-c	自钻式锚杆	m			
-d	管棚	m			
-e	型钢	kg			
-f	光圆钢筋	kg			
-g	带肋钢筋	kg			
503-3	喷锚支护				
-a	喷射钢纤维混凝土	m^3			
-b	喷射混凝土	m^3			
-c	注浆锚杆	m			
-d	砂浆锚杆	m			
-e	预应力注浆锚杆	m			
-f	早强药包锚杆	m			
-g	钢筋网	kg			

续表

细目号	项目名称	单位	数量	单价	合计
-h	型钢	kg			
-i	连接钢筋	kg			
-j	连接钢管	kg			
503-4	木材	m^3			
504-1	洞身衬砌				
-a	砖墙	m^3			
-b	浆砌粗料石（块石）	m^3			
-c	现浇混凝土	m^3			
-d	光圆钢筋	kg			
-e	带肋钢筋				
504-2	仰拱、铺底混凝土				
-a	仰拱混凝土	m^3			
-b	铺底混凝土	m^3			

续表

细目号	项目名称	单位	数量	单价	合计
-c	仰拱填充料	m^3			
504-3	管沟				
-a	现浇混凝土	m^3			
-b	预制混凝土	m^3			
-c	（钢筋）混凝土盖板	m^3			
-d	级配碎石	m^3			
-e	干砌片石	m^3			
-f	铸铁管	m			
-g	镀锌钢管	m			
-h	铸铁盖板	套			
-i	无缝钢管	kg			
-j	钢管	kg			
-k	角钢	kg			
-l	光圆钢筋	kg			
-m	带肋钢筋	kg			
504-4	洞门				
-a	消防室洞门	个			

续表

细目号	项目名称	单位	数量	单价	合计
-b	通道防火匝门	个			
-c	风机启动柜洞门	个			
-d	卷帘门	个			
-e	检修门	个			
-f	双制铁门	个			
-g	格栅门	个			
-h	铝合金骨架墙	m^2			
-i	无机材料吸声板	m^2			
504-5	洞内路面				
-a	水泥稳定碎石	m^2			
-b	贫混凝土基层	m^2			
-c	沥青封层	m^2			
-d	混凝土面层	m^2			
-e	光圆钢筋	kg			
-f	带肋钢筋	kg			
504-6	消防设施				
-a	阀门井	个			

续表

细目号	项目名称	单位	数量	单价	合计
-b	集水池	座			
-c	蓄水池	座			
-d	取水泵房	座			
-e	滚水坝	座			
505-1	防水与排水				
-a	复合防水板	m^2			
-b	复合土工防水层	m^2			
-c	止水带	m			
-d	止水条	m			
-e	压注水泥-水玻璃浆液（暂定工程量）	m^3			
-f	压注水泥浆液（暂定工程量）	m^3			
-g	压浆钻孔（暂定工程量）	m			
-h	排水管	m			
-i	镀锌薄钢板	m^2			

续表

细目号	项目名称	单位	数量	单价	合计
506-1	洞内防火涂料				
-a	喷涂防火涂料	m^2			
506-2	洞内装饰工程				
-a	镶贴瓷砖	m^2			
-b	喷涂混凝土专用漆	m^2			
508-2	监控量测				
-a	必测项目（项目名称）	总额			
-b	选测项目（项目名称）	总额			
509-1	地质预报	总额			
清单　第 500 章合计　人民币______					

二、工程量清单计量规则

1. 工程内容

隧道工程包括：洞口与明洞工程、洞身开挖、洞身衬砌、防水与排水、洞内防火涂料和装饰工程、监控量测、地质预报等。

2. 有关问题的说明及提示

（1）场地布置，核对图纸、补充调查、编制施工组织设计，试验检测、施工测量、环境保护、安全措施、施工防排水、围岩类别划分及监控、通信、照明、通风、消防等设备、设施预埋构件设置与保护，所有准备工作和施工中应采取的措施均为各节、各细目工程的附属工作，不另行计量。

（2）风水电作业及通风、照明、防尘为不可缺少的附属设施和作业，均应包括在各节有关工程细目中，不另行计量。

（3）隧道名牌、模板装拆、钢筋除锈、拱盗、支架、脚手架搭拆、养护清场等工作均为各细目的附属工作，不另行计量。

（4）连接钢板、螺栓、螺帽、拉杆、垫圈等作为钢支护的附属构件，不另行计量。

（5）混凝土拌合场站、贮料场的建设、拆除、恢复均包括在相应工程项目中，不另行计量。

（6）洞身开挖包括主洞、竖井、斜井。洞外路面、洞外消防系统土石开挖、洞外弃渣防护等计量规则见有关章节。

（7）材料的计量尺寸为设计尺寸。

3. 隧道工程工程量清单计量规则。

隧道工程工程量清单计量规则见表 1-10。

工程量清单计量规则 表 1-10

项	目	节	细目	项目名称	项目特征	计量单位	工程量计算规则	工程内容
五				隧道				第 500 章
	2			洞口与明洞工程				第 502 节、第 507 节
		1		洞口、明洞开挖				
			a	挖土方	1. 土壤类别 2. 施工方法 3. 断面尺寸	m^3	按设计图示所示，按横断面尺寸乘以长度以天然密实方计算	1. 施工排水 2. 零填及挖方路基挖松压实 3. 挖运、装卸 4. 整修路基和边坡

续表

项	目	节	细目	项目名称	项目特征	计量单位	工程量计算规则	工程内容
			b	挖石方	1. 岩石类别 2. 施工方法 3. 爆破要求 4. 断面尺寸	m^3	按设计图示所示，按横断面尺寸乘以长度以天然密实方计算	1. 施工排水 2. 零填及挖方路基挖松压实 3. 爆破防护 4. 挖运、装卸 5. 整修路基和边坡
			c	弃方超运	1. 土壤类别 2. 超运里程	$m^3 \cdot km$	按设计图所示，弃土场地不足须增加弃土场或监理工程师批准变更弃土场导致弃方超过图纸规定运距，按超运弃方数量乘以超运里程计算	1. 弃方超运 2. 整修弃土场

续表

项	目	节	细目	项目名称	项目特征	计量单位	工程量计算规则	工程内容
			2	防水与排水				
			a	浆砌片石边沟、截水沟、排水沟	1. 材料规格 2. 垫层厚度 3. 断面尺寸 4. 强度等级	m^3	按设计图所示，按横断面面积乘以长度以体积计算	1. 挖运土石方 2. 铺设垫层 3. 砌筑、勾缝 4. 伸缩缝填塞 5. 抹灰压顶、养护
			b	浆砌混凝土预制块水沟	1. 垫层厚度 2. 断面尺寸 3. 强度等级	m^3	按设计图所示，按横断面面积乘以长度以体积计算	1. 挖运土石方 2. 铺设垫层 3. 预制安装混凝土预制块 4. 伸缩缝填塞 5. 抹灰压顶、养护

续表

项	目	节	细目	项目名称	项目特征	计量单位	工程量计算规则	工程内容
			c	现浇混凝土水沟	1. 垫层厚度 2. 断面尺寸 3. 强度等级	m^3	按设计图所示，按横断面面积乘以长度以体积计算	1. 挖运土石方 2. 铺设垫层 3. 现浇混凝土 4. 伸缩缝填塞 5. 养护
			d	渗沟	1. 材料规格 2. 断面尺寸	m^3	按设计图所示，按横断面尺寸乘以长度以体积计算	1. 挖基整形 2. 混凝土垫层 3. 埋 PVC 管 4. 渗水土工布包碎砾石填充 5. 出水口砌筑 6. 试通水 7. 回填

续表

项	目	节	细目	项目名称	项目特征	计量单位	工程量计算规则	工程内容
			e	暗沟	1. 材料规格 2. 断面尺寸 3. 强度等级	m^3	按设计图所示，按横断面尺寸乘以长度以体积计算	1. 挖基整形 2. 铺设垫层 3. 砌筑 4. 预制安装（钢筋）混凝土盖板 5. 铺砂砾反滤层 6. 回填
			f	排水管	1. 材料规格	m	按设计图所示，按不同孔径以长度计算	1. 挖运土石方 2. 铺垫层 3. 安装排水管 4. 接头处理 5. 回填

续表

项	目	节	细目	项目名称	项目特征	计量单位	工程量计算规则	工程内容
			g	混凝土拦水块	1. 材料规格 2. 强度等级 3. 断面尺寸	m^3	按设计图所示，按横断面尺寸乘长度以体积计算	1. 基础处理 2. 模板安装 3. 浇筑混凝土 4. 拆模养护
			h	防水混凝土	1. 材料规格 2. 配合比 3. 厚度 4. 强度等级	m^3	按设计图所示，以体积计算	1. 基础处理 2. 加防水剂拌合运输 3. 浇筑、养护
			i	黏土隔水层	1. 厚度 2. 压实度	m^3	按设计图所示，按压实后隔水层面积乘隔水层厚度以体积计算	1. 黏土挖运 2. 填筑、压实

续表

项	目	节	细目	项目名称	项目特征	计量单位	工程量计算规则	工程内容
			j	复合防水板	1. 材料规格	m^2	按设计图所示，以面积计算	1. 复合防水板铺设 2. 焊接、固定
			k	复合土工膜			按设计图所示，以净面积计算（不计入按规范要求的搭接卷边部分）	1. 平整场地 2. 铺设、搭接、固定
		3		洞口坡面防护				

续表

项	目	节	细目	项目名称	项目特征	计量单位	工程量计算规则	工程内容
			a	浆砌片石	1. 材料规格 2. 断面尺寸 3. 强度等级	m³	按设计图所示，按体积计算	1. 整修边坡 2. 挖槽 3. 铺垫层、铺筑滤水层、制作安装泄水孔 4. 砌筑、勾缝
			b	浆砌混凝土预制块	1. 断面尺寸 2. 强度等级			1. 整修边坡 2. 挖槽 3. 铺垫层、铺筑滤水层、制作安装泄水孔 4. 预制安装预制块
			c	现浇混凝土				1. 整修边坡 2. 浇筑混凝土 3. 养护

续表

项	目	节	细目	项目名称	项目特征	计量单位	工程量计算规则	工程内容
			d	喷射混凝土	1. 厚度 2. 强度等级	m^3	按设计图所示，按体积计算	1. 整修边坡 2. 喷射混凝土 3. 养护
			e	锚杆	1. 材料规格 2. 抗拉强度	m	按设计图所示，按不同规格以长度计算	1. 钻孔、清孔 2. 锚杆制作安装 3. 注浆 4. 张拉 5. 抗拔力试验
			f	钢筋网	1. 材料规格	kg	按设计图所示，以重量计算（不计入规定的搭接长度）	1. 制作、挂网、搭接、锚固

续表

项	目	节	细目	项目名称	项目特征	计量单位	工程量计算规则	工程内容
			g	植草	1. 草籽种类 2. 养护期	m^2	按设计图所示，按合同规定的成活率以面积计算	1. 修整边坡、铺设表土 2. 播草籽 3. 洒水覆盖 4. 养护
			h	土工格室草皮	1. 格室尺寸 2. 植草种类 3. 养护期			1. 挖槽、清底、找平、混凝土浇筑 2. 格室安装、铺种植土、播草籽、拍实 3. 清理、养护
			i	洞顶防落网	1. 材料规格		按设计图所示，以面积计算	1. 设置、安装、固定

续表

项	目	节	细目	项目名称	项目特征	计量单位	工程量计算规则	工程内容
		4		洞门建筑				
			a	浆砌片石	1. 材料规格 2. 断面尺寸 3. 强度等级	m³	按设计图所示，按体积计算	1. 挖基、基底处理 2. 砌筑、勾缝 3. 沉降缝、伸缩缝处理
			b	浆砌料（块）石				
			c	片石混凝土	1. 材料规格 2. 断面尺寸 3. 片石掺量 4. 强度等级			1. 挖基、基底处理 2. 拌合、运输、浇筑混凝土 3. 养护
			d	现浇混凝土	1. 材料规格 2. 断面尺寸 3. 强度等级			

续表

项	目	节	细目	项目名称	项目特征	计量单位	工程量计算规则	工程内容
			e	镶面	1. 材料规格 2. 强度等级 3. 厚度	m^3	按设计图所示，按不同材料以体积计算	1. 修补表面 2. 贴面 3. 抹平、养护
			f	光圆钢筋	1. 材料规格 2. 抗拉强度	kg	按设计图所示，各规格钢筋按有效长度（不计入规定的搭接长度）以重量计算	1. 制作、安装 2. 搭接
			g	带肋钢筋				
			h	锚杆		m	按设计图所示，按不同规格以长度计算	1. 钻孔、清孔 2. 锚杆制作安装 3. 注浆 4. 张拉 5. 抗拔力试验

续表

项	目	节	细目	项目名称	项目特征	计量单位	工程量计算规则	工程内容
		5		明洞衬砌				
			a	浆砌料（块）石	1. 材料规格 2. 断面尺寸 3. 强度等级	m^3	按设计图所示，按体积计算	1. 挖基、基底处理 2. 砌筑、勾缝 3. 沉降缝、伸缩缝处理
			b	现浇混凝土				1. 浇注混凝土 2. 养护 3. 伸缩缝处理
			c	光圆钢筋	1. 材料规格 2. 抗拉强度	kg	按设计图所示，各规格钢筋按有效长度（不计入规定的搭接长度）以重量计算	1. 制作、安装 2. 搭接
			d	带肋钢筋				

续表

项	目	节	细目	项目名称	项目特征	计量单位	工程量计算规则	工程内容
		6		遮光棚（板）				
			a	现浇混凝土	1. 材料规格 2. 断面尺寸 3. 强度等级	m^3	按设计图示，按体积计算	1. 浇注混凝土 2. 养护 3. 伸缩缝处理
			b	光圆钢筋	1. 材料规格 2. 抗拉强度	kg	按设计图所示，各规格钢筋按有效长度（不计入规定的搭接长度）以重量计算	1. 制作、安装 2. 搭接
			c	带肋钢筋				

续表

项	目	节	细目	项目名称	项目特征	计量单位	工程量计算规则	工程内容
		7		洞顶（边墙墙背）回填				
			a	回填土石方	1. 土壤类别 2. 压实度	m^3	按设计图示，以体积计算	1. 挖运 2. 回填 3. 压实
		8		洞外挡土墙				
			a	浆砌片石	1. 材料规格 2. 断面尺寸 3. 强度等级	m^3	按设计图所示，以体积计算	1. 挖基、基底处理 2. 砌筑、勾缝 3. 铺筑滤水层、制作安装泄水孔、沉降缝处理 4. 抹灰压顶

续表

项	目	节	细目	项目名称	项目特征	计量单位	工程量计算规则	工程内容
	3			洞身开挖				第 503 节、第 507 节
		1		洞身开挖				
			a	挖土方	1. 围岩类别 2. 施工方法 3. 断面尺寸	m^3	按设计图示所示，按横断面尺寸乘以长度以天然密实方计算	1. 防排水 2. 量测布点 3. 钻孔装药 4. 找顶 5. 出渣、修整 6. 施工观测
			b	挖石方	1. 围岩类别 2. 施工方法 3. 爆破要求 4. 断面尺寸			

续表

项	目	节	细目	项目名称	项目特征	计量单位	工程量计算规则	工程内容
			c	弃方超运	1. 土壤类别 2. 超运里程	m^3·km	按设计图所示，弃土场地不足须增加弃土场或监理工程师批准变更弃土场导致弃方运距超过洞外 200m，按超运弃方数量乘以超运里程计算	1. 弃方超运 2. 整修弃土场
		2		超前支护				

续表

项	目	节	细目	项目名称	项目特征	计量单位	工程量计算规则	工程内容
			a	注浆小导管	1. 材料规格 2. 强度等级	m	按设计图所示，以长度计算	1. 下料制作、运输 2. 钻孔、钢管顶入 3. 顶注早强水泥浆 4. 设置止浆塞
			b	超前锚杆	1. 材料规格 2. 抗拉强度			1. 下料制作、运输 2. 钻孔 3. 安装锚杆
			c	自钻式锚杆				1. 钻入
			d	管棚	1. 材料规格 2. 强度等级			1. 下料制作、运输 2. 钻孔、清孔 3. 安装管棚 4. 注早强水泥砂浆

续表

项	目	节	细目	项目名称	项目特征	计量单位	工程量计算规则	工程内容
			e	型钢	1. 材料规格	kg	按设计图所示，以重量计算	1. 设计制造、运输 2. 安装、焊接、维护
			f	光圆钢筋	1. 材料规格 2. 抗拉强度		按设计图所示，各规格钢筋按有效长度（不计入规定的搭接长度）以重量计算	1. 制作、安装 2. 搭接
			g	带肋钢筋				
		3		喷锚支护				

续表

项	目	节	细目	项目名称	项目特征	计量单位	工程量计算规则	工程内容
			a	喷射钢纤维混凝土	1. 材料规格 2. 钢纤维掺配比例 3. 厚度 4. 强度等级	m^3	按设计图所示，按喷射混凝土面积乘以厚度以立方米计算	1. 设喷射厚度标志 2. 喷射钢纤维混凝土 3. 回弹料回收 4. 养护
			b	喷射混凝土	1. 材料规格 2. 厚度 3. 强度等级			1. 设喷射厚度标志 2. 喷射混凝土 3. 回弹料回收 4. 养护

续表

项	目	节	细目	项目名称	项目特征	计量单位	工程量计算规则	工程内容
			c	注浆锚杆	1. 材料规格 2. 强度等级	m	按设计图所示，以长度计算	1. 钻孔 2. 加工安装锚杆 3. 注早强水泥浆
			d	砂浆锚杆				1. 钻孔 2. 设置早强水泥砂浆 3. 加工安装锚杆
			e	预应力注浆锚杆				1. 放样、钻孔 2. 加工、安装锚杆并锚固端部 3. 张拉预应力 4. 注早强水泥砂浆

续表

项	目	节	细目	项目名称	项目特征	计量单位	工程量计算规则	工程内容
			f	早强药包锚杆	1. 材料规格 2. 早强药包性能要求	m	按设计图所示，以长度计算	1. 钻孔 2. 设制药包 3. 加工、安装锚杆
			g	钢筋网	1. 材料规格	kg	按设计图所示，以重量计算	1. 制作钢筋网 2. 布网、搭接、固定
			h	型钢				1. 设计制造 2. 安装、固定、维护
			i	连接钢筋				1. 下料制作 2. 连接、焊接
			j	连接钢管				

续表

项	目	节	细目	项目名称	项目特征	计量单位	工程量计算规则	工程内容
		4		木材	1. 材料规格	m^3	按设计图所示，按平均横断面尺寸乘以长度以体积计算	1. 下料制作 2. 安装
	4			洞身衬砌				第 504 节、第 507 节
		1		洞身衬砌				
			a	砖墙	1. 材料规格 2. 断面尺寸 3. 强度等级	m^3	按设计图示验收，以体积计算	1. 制备砖块 2. 砌砖墙、勾缝养护 3. 沉降缝、伸缩缝处理

续表

项	目	节	细目	项目名称	项目特征	计量单位	工程量计算规则	工程内容
			b	浆砌粗料石（块石）	1. 材料规格 2. 断面尺寸 3. 强度等级	m^3	按设计图示验收，以体积计算	1. 挖基、基底处理 2. 砌筑、勾缝 3. 沉降缝、伸缩缝处理
			c	现浇混凝土				1. 浇注混凝土 2. 养护 3. 沉降缝、伸缩缝处理
			d	光圆钢筋	1. 材料规格 2. 抗拉强度	kg	按设计图所示、各规格钢筋按有效长度（不计入规定的搭接长度）以重量计算	1. 制作、安装 2. 搭接
			e	带肋钢筋				

续表

项	目	节	细目	项目名称	项目特征	计量单位	工程量计算规则	工程内容
		2		仰拱、铺底混凝土				
			a	仰拱混凝土	1. 强度等级	m³	按设计图所示，以体积计算	1. 排除积水 2. 浇筑混凝土、养护 3. 沉降缝、伸缩缝处理
			b	铺底混凝土				
			c	仰拱填充料	1. 材料规格			1. 清除杂物、排除积水 2. 填充、养护 3. 沉降缝、伸缩缝处理

续表

项	目	节	细目	项目名称	项目特征	计量单位	工程量计算规则	工程内容
		3		管沟				
			a	现浇混凝土	1. 断面尺寸 2. 强度等级	m³	按设计图所示，以体积计算	1. 挖基 2. 现浇混凝土 3. 养护
			b	预制混凝土				1. 挖基、铺垫层 2. 预制安装混凝土预制块
			c	（钢筋）混凝土盖板				1. 预制安装(钢筋)混凝土盖板
			d	级配碎石	1. 材料规格 2. 级配要求			1. 运输 2. 铺设
			e	干砌片石	1. 材料规格			1. 干砌

续表

项	目	节	细目	项目名称	项目特征	计量单位	工程量计算规则	工程内容
			f	铸铁管	1. 材料规格	m	按设计图所示,以长度计算	1. 安装
			g	镀锌钢管				
			h	铸铁盖板		套	按设计图所示,以套计算	
			i	无缝钢管				
			j	钢管		kg	按设计图所示,以重量计算	
			k	角钢				
			l	光圆钢筋	1. 材料规格 2. 抗拉强度	kg	按设计图所示，各规格钢筋按有效长度（不计入规定的搭接长度及吊勾）以重量计算	1. 制作、安装 2. 搭接
			m	带肋钢筋				

续表

项	目	节	细目	项目名称	项目特征	计量单位	工程量计算规则	工程内容
		4		洞门				
			a	消防室洞门	1. 材料规格 2. 结构形式	个	按设计图所示，以个计算	1. 安装
			b	通道防火匝门				
			c	风机启动柜洞门				
			d	卷帘门				
			e	检修门				
			f	双制铁门				
			g	格栅门				

续表

项	目	节	细目	项目名称	项目特征	计量单位	工程量计算规则	工程内容
			h	铝合金骨架墙	1. 材料规格	m^3	按设计图所示，以面积计算	1. 加工、安装
			i	无机材料吸声板				
		5		洞内路面				
			a	水泥稳定碎石	1. 材料规格 2. 掺配量 3. 厚度 4. 强度等级	m^2	按设计图所示，以顶面面积计算	1. 清理下承层、洒水 2. 拌合、运输 3. 摊销、整形 4. 碾压 5. 养护
			b	贫混凝土基层	1. 材料规格 2. 厚度 3. 强度等级			

续表

项	目	节	细目	项目名称	项目特征	计量单位	工程量计算规则	工程内容
			c	沥青封层	1. 材料规格 2. 厚度 3. 沥青用量	m^2	按设计图所示，以面积计算	1. 清理下承层 2. 拌合、运输 3. 摊铺、压实
			d	混凝土面层	1. 材料规格 2. 厚度 3. 配合比 4. 外掺剂 5. 强度等级			1. 清理下承层、湿润 2. 拌合、运输 3. 摊铺、抹平 4. 压（刻）纹 5. 胀缝制作安装 6. 切缝、灌缝 7. 养护

续表

项	目	节	细目	项目名称	项目特征	计量单位	工程量计算规则	工程内容
			e	光圆钢筋	1. 材料规格 2. 抗拉强度	kg	按设计图所示，各规格钢筋按有效长度（不计入规定的搭接长度）以重量计算	1. 制作、安装 2. 搭接
			f	带肋钢筋				
		6		消防设施				
			a	阀门井	1. 材料规格 2. 断面尺寸	个	按设计图所示，以个计算	1. 阀门井施工养护 2. 阀门安装

续表

项	目	节	细目	项目名称	项目特征	计量单位	工程量计算规则	工程内容
			b	集水池	1. 材料规格 2. 强度等级 3. 结构形式	座	按设计图示，以座计算	1. 集水池施工养护 2. 防渗处理 3. 水路安装
			c	蓄水池				1. 蓄水池施工养护 2. 防渗处理 3. 水路安装
			d	取水泵房				1. 取水泵房施工 2. 水泵及管路安装 3. 配电施工
			e	滚水坝				1. 基础处理 2. 滚水坝施工 3. 养护

续表

项	目	节	细目	项目名称	项目特征	计量单位	工程量计算规则	工程内容
	5			防水与排水				第 505 节、第 507 节
		1		防水与排水				
			a	复合防水板	1. 材料规格	m^2	按设计图所示，以面积计算	1. 基底处理 2. 铺设防水板 3. 接头处理 4. 防水试验
			b	复合土工防水层		m^2		1. 基底处理 2. 铺设防水层 3. 搭接、固定

续表

项	目	节	细目	项目名称	项目特征	计量单位	工程量计算规则	工程内容
			c	止水带	1. 材料规格	m	按设计图所示，以长度计算	1. 安装止水带 2. 接头处理
			d	止水条				1. 安装止水条 2. 接头处理
			e	压注水泥-水玻璃浆液（暂定工程量）	1. 材料规格 2. 强度等级 3. 浆液配比	m^3	按实际完成数量，以体积计算	1. 制备泵液 2. 压浆堵水
			f	压注水泥浆液（暂定工程量）				

续表

项	目	节	细目	项目名称	项目特征	计量单位	工程量计算规则	工程内容
			g	压浆钻孔（暂定工程量）	1. 孔径孔深	m	按实际完成，以长度计算	1. 钻孔
			h	排水管		m	按实际完成，以长度计算	1. 安装
			i	镀锌薄钢板	1. 材料规格	m^2	按设计图所示，以面积计算	1. 基底处理 2. 铺设镀锌薄钢板 3. 接头处理
	6			洞内防水涂料和装饰工程				第 506 节、第 507 节

续表

项	目	节	细目	项目名称	项目特征	计量单位	工程量计算规则	工程内容
		1		洞内防火涂料				
			a	喷涂防火涂料	1. 材料规格 2. 遍数	m^2	按设计图所示，以面积计算	1. 基层表面处理 2. 拌料 3. 喷涂防火涂料 4. 养护
		2		洞内装饰工程				
			a	镶贴瓷砖	1. 材料规格 2. 强度等级	m^2	按设计图所示，以面积计算	1. 混凝土墙表面的处理 2. 砂浆找平 3. 镶贴瓷砖

续表

项	目	节	细目	项目名称	项目特征	计量单位	工程量计算规则	工程内容
			b	喷涂混凝土专用漆	1. 材料规格	m^2	按设计图所示，以面积计算	1. 基层表面处理 2. 喷涂混凝土专用漆
	8			监控量测				第 507 节、第 508 节
		1		监控量测				
			a	必测项目（项目名称）	1. 围岩类别 2. 检测手段、要求	总额	按规定以总额计算	1. 加工、采备、标定、埋设测量元件 2. 检测仪器采备、标定、安装、保护 3. 实施观测 4. 数据处理反馈应用
			b	选测项目（项目名称）				

续表

项	目	节	细目	项目名称	项目特征	计量单位	工程量计算规则	工程内容
	9			特殊地质地段的施工与地质预报				第507节、第509节
		1		地质预报	1. 地质类别 2. 探测手段、方法	总额	按规定以总额计算	1. 加工、采备、标定、安装探测设备 2. 检测仪器采备、标定、安装、保护 3. 实施观测 4. 数据处理反馈应用

第六节　安全设施及预埋管线工程

一、工程量清单细目

安全设施及预埋管线工程工程量清单细目见表1-11。

工程量清单细目　　　　表1-11

清单　第600章　安全设施及预埋管线工程					
细目号	项目名称	单位	数量	单价	合计
602-1	浆砌片石护栏	m			
602-2	混凝土护栏	m			
602-3	单面波形梁钢护栏	m			
602-4	双面波形梁钢护栏	m			
602-5	活动式钢护栏	m			
602-6	波形梁钢护栏起、终端头				
-a	分设型圆头式	个			
-b	分设型锚式	个			
-c	组合型圆头式	个			
602-7	钢缆索护栏	m			
602-8	混凝土基础	m^3			

续表

细目号	项目名称	单位	数量	单价	合计
603-1	铁丝编织网隔离栅	m			
603-2	刺铁丝隔离栅	m			
603-3	钢板网隔离栅	m			
603-4	电焊网隔离栅	m			
603-5	桥上防护网	m			
603-6	钢筋混凝土立柱	根			
603-7	钢立柱	根			
603-8	隔离墙工程				
-a	水泥混凝土隔离墙	m			
-b	砖砌隔离墙	m			
604-1	单柱式交通标志	个			
604-2	双柱式交通标志	个			
604-3	三柱式交通标志	个			
604-4	门架式交通标志	个			
604-5	单悬壁式交通标志	个			
604-6	双悬壁式交通标志	个			
604-7	悬挂式交通标志	个			
604-8	里程碑	个			
604-9	公路界碑	个			
604-10	百米桩	个			
604-11	示警桩	根			
605-1	热熔型涂料路面标线				

续表

细目号	项目名称	单位	数量	单价	合计
-a	1 号标线	m^2			
-b	2 号标线	m^2			
605-2	溶剂常温涂料路面标线				
-a	1 号标线	m^2			
-b	2 号标线	m^2			
605-3	溶剂加热涂料路面标线				
-a	1 号标线	m^2			
-b	2 号标线	m^2			
605-4	突起路标	个			
605-5	轮廓标				
-a	柱式轮廓标	个			
-b	附着式轮廓标	个			
605-6	立面标记	处			
606-1	防眩板	m			
606-2	防眩网	m			
607-1	人（手）孔	个			
607-2	紧急电话平台	个			
607-3	管道工程				
-a	铺设…孔 ϕ…塑料管（钢管）管道	m			
-b	铺设…孔 ϕ…塑料管（钢管）管道	m			

续表

细目号	项目名称	单位	数量	单价	合计
-c	铺设…孔 ϕ…塑料管（钢管）管道	m			
-d	铺设…孔 ϕ…塑料管（钢管）管道	m			
-e	制作安装过桥管箱（包括两端接头管箱）	m			
608-1	收费亭				
-a	单人收费亭	个			
-b	双人收费亭	个			
608-2	收费天棚	m^2			
608-3	收费岛				
-a	单向收费岛	个			
-b	双向收费岛	个			
608-4	地下通道（高×宽）	m			
608-5	预埋管线				
-a	（管线规格）	m			
-b	（管线规格）	m			
608-6	架设管线				
-a	（管线规格）	m			
-b	（管线规格）	m			
608-7	收费广场高杆灯				

续表

细目号	项目名称	单位	数量	单价	合计
-a	杆高…m	m			
-b	杆高…m	m			
清单　第600章合计　人民币______					

二、工程量清单计量规则

1. 工程内容

安全设施及预埋管线工程包括：护栏、隔离设施、道路交通标志、道路诱导设施、防眩设施、通信管道及电力管道、预埋（预留）基础、收费设施和地下通道工程。

2. 有关问题的说明及提示

（1）护栏的地基填筑、垫层材料、砌筑砂浆、嵌缝材料、油漆以及混凝土中的钢筋、钢缆索护栏的封头混凝土等均不另行计量。

（2）隔离设施工程所需的清场、挖根、土地平整和设置地线等工程均为安装工程的附属工作，不另行计量。

（3）交通标志工程所有支承结构、底座、硬件和为完成组装而需要的附件，均不另行计量。

（4）道路诱导设施中路面标线玻璃珠包含在涂敷面积内，附着式轮廓标的后底座、支架连接件，均不另行计量。

（5）防眩设施所需的预埋件、连接件、立柱基础混凝土及钢构件的焊接，均作为附属工作，不另行计量。

（6）管线预埋工程的挖基及回填、压实及接地系统、所有封缝料和牵引线及拉棒检验等作为相关工程的附属工作，不另行计量。

（7）收费设施及地下通道工程

1）挖基、挖槽及回填、压实等作为相关工程的附属工作，不另行计量。

2）收费设施的预埋件为各相关工程项目的附属工作，不另行计量。

3）凡未列入计量项目的零星工程，均含在相关工程项目内，不另行计量。

3. 安全设施及预埋管线工程工程量清单计量规则

安全设施及预埋管线工程工程量清单计量规则见表 1-12。

工程量清单计量规则　　表 1-12

项	目	节	细目	项目名称	项目特征	计量单位	工程量计算规则	工程内容
六				安全设施及预埋管线工程				第 600 章
	2			护栏工程				第 602 节
		1		浆砌片石护栏	1. 材料规格 2. 断面尺寸 3. 强度等级	m^3	按设计图所示，以体积计算	1. 挖基 2. 基底填筑、铺垫层 3. 浆砌片石、养护
		2		混凝土护栏		m	按设计图所示，沿栏杆面（不包括起终端段）量测以长度（含立柱）计算	1. 挖基 2. 基底填筑、铺垫层 3. 预制安装或现浇 4. 涂装

续表

项	目	节	细目	项目名称	项目特征	计量单位	工程量计算规则	工程内容
		3		单面波形梁钢护栏	1. 材料规格 2. 断面尺寸 3. 强度等级	m	按图纸和监理工程师指示验收，以长度计算	1. 安装
		4		双面波形梁钢护栏				
		5		活动式钢护栏				
		6		波形梁钢护栏起、终端头				

续表

项	目	节	细目	项目名称	项目特征	计量单位	工程量计算规则	工程内容
			a	分设型圆头式	1. 材料规格	个	按设计图所示，以累计数量计算	1. 安装
			b	分设型地锚式				
			c	组合型圆头式				
		7		钢缆索护栏	1. 材料规格	m	按设计图所示，以长度(含立柱)计算	1. 安装
		8		混凝土基础	1. 断面尺寸 2. 强度等级	m^3	按设计图所示，以体积计算	1. 挖基 2. 钢筋制作、安装 3. 混凝土浇筑、养护

续表

项	目	节	细目	项目名称	项目特征	计量单位	工程量计算规则	工程内容
	3			隔离设施				第603节
		1		铁丝编织网隔离栅	1. 材料规格	m	按设计图所示，从端部外侧沿隔离栅中部丈量，以长度计算	1. 开挖土方 2. 浇筑基础 3. 安装隔离栅（含金属立柱、斜撑、紧固件等）
		2		刺铁丝隔离栅				
		3		钢板网隔离栅				
		4		电焊网隔离栅				
		5		桥上防护网	1. 材料规格	m	按设计图所示，以长度计算	1. 安装防护网（含网片的支架、预埋件、紧固件等）

续表

项	目	节	细目	项目名称	项目特征	计量单位	工程量计算规则	工程内容
		6		钢筋混凝土立柱	1. 材料规格 2. 强度等级	根	按设计图所示，以数量计算	1. 挖基 2. 现浇或预制安装（含钢筋及立柱斜撑）
		7		钢立柱	1. 材料规格			1. 安装（含钢筋及立柱斜撑）
		8		隔离墙工程				
			a	水泥混凝土隔离墙	1. 材料规格 2. 断面尺寸 3. 强度等级	m	按设计图所示，从端部外侧沿隔离栅中部丈量，以长度计算	1. 基础施工 2. 砌筑或预制安装隔离墙
			b	砖砌隔离墙				

续表

项	目	节	细目	项目名称	项目特征	计量单位	工程量计算规则	工程内容
	4			道路交通标志工程				第604节
		1		单柱式交通标志	1. 材料规格	个	按设计图所示，按不同规格以累计数量计算	1. 基础开挖 2. 混凝土浇筑 3. 安装（包括立柱和门架）
		2		双柱式交通标志				
		3		三柱式交通标志				
		4		门架式交通标志				
		5		单悬臂式交通标志				
		6		双悬臂式交通标志				
		7		悬挂式交通标志				

续表

项	目	节	细目	项目名称	项目特征	计量单位	工程量计算规则	工程内容
		8		里程碑	1. 材料规格	个	按设计图所示，以累计数量计算	1. 基础开挖 2. 预制、安装
		9		公路界碑				
		10		百米桩				
		11		示警桩		根		1. 基础开挖 2. 预制、安装 3. 油漆
	5			道路标线				第605节
		1		热熔型涂料路面标线				

续表

项	目	节	细目	项目名称	项目特征	计量单位	工程量计算规则	工程内容
			a	1号标线	1. 材料规格 2. 形式	m^2	按设计图纸所示，按涂敷厚度，以实际面积计算	1. 路面清洗 2. 喷洒下涂剂 3. 标线
			b	2号标线				
		2		溶剂常温涂料路面标线				
			a	1号标线	1. 材料规格 2. 形式	m^2	按设计图纸所示，按涂敷厚度，以实际面积计算	1. 路面清洗 2. 喷洒下涂剂 3. 标线
			b	2号标线				

续表

项	目	节	细目	项目名称	项目特征	计量单位	工程量计算规则	工程内容
		3		溶剂加热涂料路面标线				
			a	1号标线	1. 材料规格 2. 形式	m^2	按设计图纸所示，按涂敷厚度，以实际面积计算	1. 路面清洗 2. 喷洒下涂剂 3. 标线
			b	2号标线				
		4		突起路标	1. 材料规格	个	按设计图所示，以累计数量计算	1. 安装
		5		轮廓标				

续表

项	目	节	细目	项目名称	项目特征	计量单位	工程量计算规则	工程内容
			a	柱式轮廓标	1. 材料规格 2. 涂料品种 3. 式样	个	按设计图所示，以累计数量计算	1. 挖基 2. 安装
			b	附着式轮廓标				1. 安装
		6		立面标记	1. 材料规格	处		
	6			防眩设施				第606节
		1		防眩板	1. 材料规格 2. 间隔高度	m	按设计图所示，沿路线中线量测以累计长度计算	1. 安装
		2		防眩网				

续表

项	目	节	细目	项目名称	项目特征	计量单位	工程量计算规则	工程内容
	7			管线预埋工程				第607节
		1		人（手）孔	1. 断面尺寸 2. 强度等级	个	按设计图所示，按不同断面尺寸，以累计数量计算	1. 开挖、清理 2. 人（手）孔浇制
		2		紧急电话平台				1. 开挖、清理 2. 平台浇制
		3		管道工程				

续表

项	目	节	细目	项目名称	项目特征	计量单位	工程量计算规则	工程内容
			a	铺设…孔ϕ…塑料管（钢管）管道	1. 材料规格 2. 结构 3. 强度等级	m	按设计图所示，按不同结构沿铺筑就位的管道中线量测，以累计长度计算	1. 安装
			b	铺设…孔ϕ…塑料管（钢管）管道				
			c	铺设…孔ϕ…塑料管（钢管）管道				
			d	铺设…孔ϕ塑料管（钢管）管道				
			e	制作安装过桥管箱（包括两端接头管箱）				1. 安装（含托架）

续表

项	目	节	细目	项目名称	项目特征	计量单位	工程量计算规则	工程内容
	8			收费设施及地下通道工程				第608节
		1		收费亭				
			a	单人收费亭	1. 材料规格 2. 结构形式	个	按设计图的形式组装或修建，以累计数量计算	1. 安装
			b	双人收费亭				
		2		收费天棚	1. 材料规格 2. 结构形式	m^2	按设计图的形式组装架设，以面积计算	1. 安装

续表

项	目	节	细目	项目名称	项目特征	计量单位	工程量计算规则	工程内容
		3		收费岛				
			a	单向收费岛	1. 断面尺寸 2. 强度等级	个	按设计图所示，以累计数量计算	1. 混凝土浇筑
			b	双向收费岛				
		4		地下通道（高×宽）	1. 断面尺寸 2. 强度等级	m	按设计图所示，按不同断面尺寸以通道中心量测洞口间距离计算	1. 挖基、基底处理 2. 混凝土浇筑 3. 装饰贴面及防、排水处理等
		5		预埋管线				

续表

项	目	节	细目	项目名称	项目特征	计量单位	工程量计算规则	工程内容
			a	（管线规格）	1. 材料规格	m	按设计图规定铺设就位，以累计长度计算	1. 安装 2. 封缝料和牵引线及拉棒检验
			b	（管线规格）				
		6		架设管线				
			a	（管线规格）	1. 材料规格	m	按设计图规定铺设就位，以累计长度计算	1. 安装
			b	（管线规格）				
		7		收费广场高杆灯				
			a	杆高…m	1. 材料规格	m	按设计图所示，以累计数计算	1. 安装
			b	标高…m				

第七节　绿化及环境保护

一、工程量清单细目

绿化及环境保护工程工程量清单细目见表1-13。

工程量清单细目　　表1-13

清单　第700章　绿化及环境保护

细目号	项目名称	单位	数量	单价	合计
703-1	撒播草种	m^2			
703-2	铺（植）草皮				
-a	马尼拉草皮	m^2			
-b	美国二号草皮	m^2			
-c	麦冬草草皮	m^2			
-d	台湾青草皮	m^2			
703-3	绿地喷灌管道	m			
704-1	人工种植乔木				
-a	香樟	棵			
-b	大叶樟	棵			
-c	杜英	棵			
-d	圆柏	棵			
-e	广玉兰	棵			

续表

细目号	项 目 名 称	单位	数量	单价	合计
-f	桂花	棵			
-g	栾树	棵			
-h	意大利杨树	棵			
704-2	人工种植灌木				
-a	夹竹桃	棵			
-b	木芙蓉	棵			
-c	春杜鹃	棵			
-d	月季	棵			
-e	小叶女贞	棵			
-f	红继木	棵			
-g	大叶黄杨	棵			
-h	龙柏球	棵			
-i	法国冬青	棵			
-j	海桐	棵			
-k	凤尾兰	棵			
704-3	栽植攀缘植物	棵			
704-4	人工种植竹类				
-a	楠竹	丛			
-b	早园竹	丛			
-c	孝须竹	丛			

续表

细目号	项目名称	单位	数量	单价	合计
-d	凤尾竹	丛			
-e	青皮竹	丛			
-f	凤尾竹球	丛			
704-5	人工栽植棕榈类				
-a	蒲葵	株			
-b	棕榈	株			
-c	五福棕榈	株			
-d	爬山虎	株			
-e	鸡血藤	株			
-f	五叶地锦	株			
704-6	栽植绿篱	m			
704-7	栽植绿色带	m^2			
706-1	消声板声屏障				
-a	H2.5m 玻璃钢消声板	m			
-b	H3.0m 玻璃钢消声板	m			
706-2	吸音砖声屏障	m^3			
706-3	砖墙声屏障	m^3			

清单 第700章合计 人民币________

二、工程量清单计量规则

1. 工程内容

绿化及环境保护工程包括：撒播草种和铺植草皮、人工种植乔木、灌木、声屏障工程。

2. 有关问题的说明及提示

（1）绿化工程为植树及中央分隔带及互通立交范围内和服务区、管养工区、收费站、停车场的绿化种植区。

（2）除按图纸施工的永久性环境保护工程外，其他采取的环境保护措施已包含在相应的工程项目中，不另行计量。

（3）由于承包人的过失、疏忽、或者未及时按设计图纸做好永久性的环境保护工程，导致需要另外采取环境保护措施，这部分额外增加的费用应由承包人承担。

（4）在公路施工及缺陷责任期间，绿化工程的管理与养护以及任何缺陷的修正与弥补，是承包人完成绿化工程的附属工作，均由承包人负责，不另行计量。

3. 绿化及环境保护工程工程量清单计量规则

绿化及环境保护工程工程量清单计量规则见表1-14。

工程量清单计量规则 **表 1-14**

项	目	节	细目	项目名称	项目特征	计量单位	工程量计算规则	工程内容
七				绿化及环境保护				第 700 章
	3			撒播草种和铺植草皮				第 702 节、第 703 节、第 705 节
		1		撒播草种	1. 草籽种类 2. 养护期	m^2	按设计图所示尺寸，以面积计算	1. 修整边坡、铺设表土 2. 播草籽 3. 洒水覆盖
		2		铺（植）草皮				

续表

项	目	节	细目	项目名称	项目特征	计量单位	工程量计算规则	工程内容
			a	马尼拉草皮	1. 草皮种类 2. 铺设方式 3. 养护期	m^2	按设计图所示尺寸，以面积计算	1. 修整边坡、铺设表土 2. 铺设草皮 3. 洒水 4. 养护
			b	美国二号草皮				
			c	麦冬草草皮				
			d	台湾青草皮				
		3		绿地喷灌管道	1. 土石类别 2. 材料规格	m	按设计图所示尺寸，以累计长度计算	1. 开挖 2. 阀门井砌筑 3. 管道铺设（含闸阀、水表、洒水栓等） 4. 油漆防护 5. 回填、清理

续表

项	目	节	细目	项目名称	项目特征	计量单位	工程量计算规则	工程内容
	4			人工种植乔木、灌木…				第70节、第704节、第705节
		1		人工种植乔木				
			a	香樟	1. 胸径（离地1.2m处树干直径） 2. 高度	棵	按累计株数计算	1. 挖坑 2. 苗木运输 3. 铺设表土、施肥 4. 栽植 5. 清理、养护
			b	大叶樟				
			c	杜英				
			d	圆柏				
			e	广玉兰				
			f	桂花				
			g	栾树				
			h	意大利杨树				

续表

项	目	节	细目	项目名称	项目特征	计量单位	工程量计算规则	工程内容
		2		人工种植灌木				
			a	夹竹桃	1. 冠丛高	根	按累计株数计算	1. 挖坑 2. 苗木运输 3. 铺设表土、施肥 4. 栽植 5. 清理、养护
			b	木芙蓉				
			c	春杜鹃				
			d	月季				
			e	小叶女贞				
			f	红继木				
			g	大叶黄杨				
			h	龙柏球				
			i	法国冬青				
			j	海桐				
			k	凤尾兰				

续表

项	目	节	细目	项目名称	项目特征	计量单位	工程量计算规则	工程内容
		3		栽植攀缘植物		棵		1. 挖抗 2. 苗木运输 3. 铺设表土、施肥 4. 栽植 5. 清理、养护
		4		人工种植竹类				
			a	楠竹	1. 胸径 2. 冠幅	丛	以冠幅垂直投影确定冠幅宽度，按丛累计数量计算	1. 挖抗 2. 苗木运输 3. 栽植 4. 清理、养护
			b	早园竹				
			c	孝须竹				
			d	凤尾竹				
			e	青皮竹				
			f	凤尾竹球				

续表

项	目	节	细目	项目名称	项目特征	计量单位	工程量计算规则	工程内容
		5		人工种植棕榈类				
			a	蒲葵	1. 胸径 2. 株高	棵	高栽植苗木地1.2m处棕榈干直径为胸径，按株的累计数量计算	1. 挖坑 2. 苗木运输 3. 栽植 4. 清理、养护
			b	棕榈				
			c	五福棕榈				
			d	爬山虎	1. 高度		高地自然垂直高度为高度，以株累计数量计算	
			e	鸡血藤				
			f	五叶地锦				

续表

项	目	节	细目	项目名称	项目特征	计量单位	工程量计算规则	工程内容
		6		栽植绿篱	1. 种类 2. 篱高 3. 行数	m	按设计图所示，以长度计算	1. 挖沟槽 2. 种植 3. 清理、养护
		7		栽植绿色带	1. 种类	m^2	按设计图所示，以面积计算	1. 挖松地面 2. 种植 3. 养护
	6			声屏障				第 706 节
		1		消声板声屏障				

续表

项	目	节	细目	项目名称	项目特征	计量单位	工程量计算规则	工程内容
			a	H2.5m 玻璃钢消声板	1. 材料规格	m	按设计图所示，以长度计算	1. 开挖 2. 浇筑混凝土基础 3. 安装钢立柱 4. 焊接 5. 插装消声板 6. 防锈
			b	H3.0m 玻璃钢消声板				
		2		吸音砖声屏障	1. 材料规格 2. 断面尺寸 3. 强度等级	m^3	按设计图所示，以体积计算	1. 开挖 2. 砖浸水 3. 砌筑、勾缝 4. 填塞沉降缝 5. 洒水养护
		3		砖墙声屏障				

第八节　房建工程

一、工程量清单细目

房建工程工程量清单细目见表1-15。

工程量清单细目　　表1-15

清单　第800章　房建工程					
细目号	项目名称	单位	数量	单价	合计
801-1	建筑基坑				
-a	挖土方	m^3			
-b	挖石方	m^3			
-c	回填土	m^3			
801-2	地基				
-a	混凝土垫层	m^3			
-b	砾（碎）石、砂及砾（碎）石灌浆垫层	m^3			
-c	灰土垫层	m^3			
-d	混凝土灌注桩	m			

续表

细目号	项目名称	单位	数量	单价	合计
-e	砂石灌注桩	m			
-f	桩基承台基础	m^3			
-g	桩基检测	根			
-h	砖基础	m^3			
-i	混凝土带形基础	m^3			
-j	混凝土独立基础	m^3			
-k	混凝土满堂基础	m^3			
-l	设备基础	m^3			
802-2	地下防水工程				
a	卷材防水	m^2			
-b	涂膜防水	m^2			
-c	砂浆防水（潮）	m^2			
-d	变形缝	m			
803-1	混凝土工程				
-a	混凝土方柱	m^3			
-b	混凝土构造柱	m^3			
-c	混凝土圆柱	m^3			

续表

细目号	项目名称	单位	数量	单价	合计
-d	混凝土梁	m^3			
-e	混凝土基础梁	m^3			
-f	混凝土圈梁	m^3			
-g	混凝土有梁板	m^3			
-h	预应力空心混凝土板	m^3			
-i	混凝土无梁板	m^3			
-j	混凝土平板	m^3			
-k	混凝土天沟、挑檐板	m^3			
-l	雨篷、阳台板	m^2			
-m	钢筋混凝土小型构件	m^3			
-n	混凝土直形墙	m^3			
-o	混凝土楼梯	m^3			
-p	台阶	m^3			
-q	现浇混凝土钢筋（种类）	t			
-r	预制混凝土钢筋（种类）	t			
-s	钢筋网片	t			

续表

细目号	项 目 名 称	单位	数量	单价	合计
-t	钢筋笼	t			
-u	预埋铁件（螺栓）	t			
804-1	砖砌体工程				
-a	实心砖墙	m^3			
-b	填充墙	m^3			
-c	空斗墙	m^3			
-d	实心砖柱	m^3			
-e	砖窨井、检查井	m^3			
-f	砖水池、化粪池	m^3			
-g	砖地沟、明沟	m			
-h	砖散水、地坪	m^2			
804-2	石砌体				
-a	石挡土墙	m^3			
-b	石护坡	m^3			
-c	石台阶	m^3			
-d	石地沟、明沟	m			
805-1	金属门				

续表

细目号	项 目 名 称	单位	数量	单价	合计
-a	铝合金平开门	樘			
-b	铝合金推拉门	樘			
-c	铝合金地弹门	樘			
-d	塑钢门	樘			
-e	防盗门	樘			
-f	金属卷闸门	樘			
-g	防火门	樘			
805-2	木质门				
-a	镶木板门	樘			
-b	企口木板门	樘			
-c	实木装饰门	樘			
-d	胶合板门	樘			
-e	夹板装饰门	樘			
805-3	金属窗				
-a	铝合金窗（平开窗）	樘			
-b	铝合金推拉窗	樘			
-c	铝合金固定窗	樘			

续表

细目号	项目名称	单位	数量	单价	合计
-d	塑钢窗	樘			
-e	金属防盗窗	樘			
-f	铝合金纱窗	樘			
805-4	门窗套				
-a	实木门窗套	m^2			
805-5	电动门				
-a	不锈钢电动伸缩门	套			
806-1	地面				
-a	细石混凝土地面	m^2			
-b	水泥砂浆地面	m^3			
-c	块料楼地面	m^2			
-d	石材楼地面	m^2			
-e	防静电活动地板	m^2			
-f	竹木地板	m^2			
806-2	楼地面层				
-a	块料楼梯面层	m^2			
-b	石材楼梯面层	m^2			

续表

细目号	项 目 名 称	单位	数量	单价	合计
806-3	扶手、栏杆				
-a	硬木扶手带栏杆、栏板	m			
-b	金属扶手带栏杆、栏板	m			
806-4	台阶面层				
-a	块料台阶面层	m			
-b	石料台阶面层	m			
807-1	屋面				
-a	瓦屋面	m^2			
-b	型材屋面	m^2			
-c	屋面卷材防水	m^2			
-d	屋面涂膜防水	m^2			
-e	屋面刚性防水	m^2			
-f	屋面排水管	m			
-g	屋面天沟、尚沟	m^2			
808-1	钢结构工程				
-a	钢网架	m^2			
-b	钢楼梯	t			

续表

细目号	项 目 名 称	单位	数量	单价	合计
-c	钢管柱	t			
-d	围墙大门	樘			
-e	阳台晾衣架	个			
-f	室外晾衣棚	m^2			
809-1	抹灰、勾缝				
-a	墙面一般抹灰	m^2			
-b	墙面装饰抹灰	m^2			
-c	墙面勾缝	m^2			
-d	柱面一般抹灰	m^2			
-e	柱面装饰抹灰	m^2			
-f	柱面勾缝	m^2			
809-2	墙面				
-a	石材墙面	m^2			
-b	块料墙面	m^2			
-c	干挂石材钢骨架	m^2			
-d	石材柱面	m^2			
-e	块料柱面	m^2			

续表

细目号	项目名称	单位	数量	单价	合计
809-3	装饰墙面				
-a	装饰墙面	m^2			
-b	装饰柱（梁）面	m^2			
809-4	幕墙				
-a	带骨架幕墙	m^2			
-b	全玻幕墙	m^2			
809-5	抹灰				
-a	天棚抹灰	m^2			
-b	天棚饰面吊顶	m^2			
-c	灯带	m^2			
810-1	路面				
-a	垫层	m^2			
-b	石灰稳定土	m^2			
-c	水泥稳定土	m^2			
-d	石灰、粉煤灰、土	m^2			
-e	石灰、碎(砾)石、土	m^2			
-f	水泥稳定碎(砂砾)石	m^2			

续表

细目号	项 目 名 称	单位	数量	单价	合计
-g	水泥混凝土	m^2			
-h	块料面层	m^2			
-i	现浇混凝土人行道	m^2			
810-2	树池砌筑	个			
811-1	管道				
-a	镀锌钢管	m			
-b	焊接钢管	m			
-c	钢管	m			
-d	塑料管（UPVC、PP-C、PP-R 管）	套			
-e	塑料复合管	套			
811-2	阀门				
-a	螺纹阀门	个			
-b	螺纹法兰阀门	个			
-c	焊接法兰阀门	个			
-d	安全阀	个			
-e	法兰	副			

续表

细目号	项目名称	单位	数量	单价	合计
-f	水表	副			
811-3	卫生器具				
-a	洗脸盆	组			
-b	洗手盆	组			
-c	洗涤盆	组			
-d	淋浴器	组			
-e	大便器	套			
-f	小便器	套			
-g	排水栓	组			
-h	水龙头	个			
-i	地漏	个			
-j	热水器	台			
811-4	防火器材				
-a	消火栓	套			
-b	干粉灭火器	台			
-c	消防水箱制作安装	座			
-d	探测器（感烟）	套			

续表

细目号	项 目 名 称	单位	数量	单价	合计
-e	探测器（感温）	套			
-f	水喷头	个			
-g	警报装置	套			
812-1	电气工程				
-a	电力变压器（箱式变电站）	台			
-b	避雷器	组			
-c	隔离开关	组			
-d	成套配电柜	台			
-e	动力（空调）配电箱	台			
-f	照明配电箱	台			
-g	插座箱	台			
-h	液位控制装置	套			
812-2	电缆及支架				
-a	电缆敷设	m			
-b	电缆保护管	m			
-c	电缆桥架	m			

续表

细目号	项 目 名 称	单位	数量	单价	合计
-d	支架	t			
812-3	高压线路				
-a	电杆组立	根			
-b	导线架设	km			
812-4	室内供电线路				
-a	电气配管	m			
-b	线槽	m			
-c	电气配线	m			
812-5	灯柱、灯座				
-a	座灯、筒灯、吸顶灯	套			
-b	双管荧光灯	套			
-c	单管荧光灯	套			
-d	工矿灯、应急灯、防爆灯	套			
-e	柱顶灯	套			
-f	庭园灯	套			

续表

细目号	项 目 名 称	单位	数量	单价	合计
-g	路灯	套			
-h	草坪灯	套			
-i	圆球灯	套			
812-6	开关				
-a	开关（单联、双联、三联）	套			
-b	带开关插座（防贱型）	套			
812-7	吊风扇	套			
812-8	发电机设备				
-a	发电机组	套			
812-9	防雷及接地装置				
-a	室内外接地安装	m			
-b	避雷装置	套			

清单　第 800 章合计　人民币________

二、工程量清单计量规则

1. 工程内容

房建工程包括：建筑基坑、地基与地下防水、混凝土、砖砌体、门窗、地面与楼面、屋面钢结构、抹灰、勾缝、室外及附属设施、暖卫及给排水、电气、收费设施工程。

2. 有关问题的说明及提示

（1）涉及的总则、清理场地与拆除、土石方开挖、土石方填筑、收费设施、地下通道等计量规则见有关章节。

（2）工程细目中涉及正负零以上支架搭设及拆除、模板安装及拆除、垂直起吊材料构件、预埋铁件的除锈、制作安装均包括在相应的工程项目中，不另行计量。

（3）工程项目中涉及的养护工作，包括在相应的工程项目中，不另行计量。

3. 房建工程工程量清单计量规则

房建工程工程量清单计量规则见表1-16。

工程量清单计量规则　　表 1-16

项	目	节	细目	项目名称	项目特征	计量单位	工程量计算规则	工程内容
八				房建工程				
	1			建筑基坑				
		1		建筑基坑				
			a	挖土方	1. 土石类别 2. 深度 3. 基础类别 4. 弃方运距	m^3	按设计图所示，以基础垫层底面积乘挖土深度计算	1. 排地表水 2. 土石方开挖 3. 围护支撑 4. 运输 5. 边坡 6. 基底钎探
			b	挖石方				

续表

项	目	节	细目	项目名称	项目特征	计量单位	工程量计算规则	工程内容
			c	回填土	1. 土质 2. 粒径要求 3. 密实度 4. 运距	m^3	按挖方体积减去设计室外地坪以下埋设的基础体积（包括基础垫层及其他构筑物）计算	1. 土、石方装卸运输 2. 回填 3. 分层填筑
	2			地基与地下防水工程				
		1		地基				

续表

项	目	节	细目	项目名称	项目特征	计量单位	工程量计算规则	工程内容
			a	混凝土垫层	1. 厚度 2. 强度等级	m^3	按设计图所示以体积计算 ①基础垫层：垫层底面积乘厚度； ②地面垫层：按设计垫层外边线所围面积（不扣除单孔 0.3m^2 以内面积，扣除 0.3m^2 以外面积）乘以厚度计算	1. 地基夯实 2. 垫层材料制备、运输 3. 垫层夯实 4. 铺筑垫层
			b	砾（碎）石、砂及砾（碎）石灌浆垫层	1. 厚度 2. 强度等级 3. 级配			
			c	灰土垫层	1. 厚度 2. 掺灰量			

续表

项	目	节	细目	项目名称	项目特征	计量单位	工程量计算规则	工程内容
			d	混凝土灌注桩	1. 桩长桩径 2. 成孔方法 3. 强度等级	m	按设计图所示，以桩长度（包括桩尖）计算	1. 成孔、固壁 2. 灌注混凝土 3. 泥浆池、沟槽砌筑、拆除 4. 泥浆装卸、运输 5. 凿除桩头、清理运输

续表

项	目	节	细目	项目名称	项目特征	计量单位	工程量计算规则	工程内容
			e	砂石灌注桩	1. 桩长桩径 2. 成孔方法 3. 砂石级配	m	按设计图所示，以桩长度（包括桩尖长度）计算	1. 成孔 2. 运输及填充砂石 3. 振实
			f	桩基承台基础	1. 强度等级	m^3	按设计图示尺寸以体积计算，不扣除构件内钢筋、预埋铁件和伸入承台基础的桩头所占体积	1. 混凝土制作、运输、浇捣、养护
			g	桩基检测	1. 桩长桩径	根	按监理工程师验收的累计根数计算	1. 钻芯 2. 检测（按规定检测内容）

续表

项	目	节	细目	项目名称	项目特征	计量单位	工程量计算规则	工程内容
			h	砖基础	1. 材料规格 2. 基础类型 3. 强度等级	m^3	按设计图所示尺寸以体积计算，基础长度：外墙按中心线，内墙按净长线计算。应扣除地梁（圈梁）、构造柱所占体积。基础大放脚T形接头处的重叠部分以及嵌入基础内的钢筋、铁件、管道、基	1. 材料运输 2. 砌砖 3. 铺设防潮层

续表

项	目	节	细目	项目名称	项目特征	计量单位	工程量计算规则	工程内容
			h	砖基础	1. 材料规格 2. 基础类型 3. 强度等级	m^3	础砂浆防潮及单个面积在 0.3m^2以内孔洞所占体积不予扣除，但靠墙暖气沟的挑檐亦不增加。附增垛基础宽出部分体积应并入基础工程量内	1. 材料运输 2. 砌砖 3. 铺设防潮层

续表

项	目	节	细目	项目名称	项目特征	计量单位	工程量计算规则	工程内容
			i	混凝土带形基础	1. 断面尺寸 2. 强度等级	m^3	按设计图示尺寸以体积计算，不扣除构件内钢筋、预埋铁件和伸入承台基础的桩头所占体积	1. 混凝土制作、运输、浇捣 2. 养护
			j	混凝土独立基础				
			k	混凝土满堂基础				
			l	设备基础				1. 混凝土制作、运输、浇捣、模板、养护 2. 地脚螺栓、二次灌浆

续表

项	目	节	细目	项目名称	项目特征	计量单位	工程量计算规则	工程内容
		2		地下防水工程				
			a	卷材防水	1. 材料规格 2. 涂膜厚度 3. 防水部位	m^2	按设计图所示以面积计算 （1）地面防水：按主墙间净空面积计算，扣除凸出地面的构筑物、设备基础等所占面积，不扣除柱、垛、间壁墙、烟囱及 $0.3m^2$ 以内空洞所占面积；（转下页）	1. 基层处理 2. 抹找平层 3. 涂刷胶粘剂 4. 铺设防水卷材 5. 铺保护层 6. 接缝、嵌缝
			b	涂膜防水				1. 基层处理 2. 抹找平层 3. 刷基层处理剂 4. 铺涂膜防水层 5. 铺保护层

续表

项	目	节	细目	项目名称	项目特征	计量单位	工程量计算规则	工程内容
			c	砂浆防水（潮）	1. 厚度 2. 强度等级	m^2	（2）墙基防水；外墙按中心线，内墙按净长乘宽度计算	1. 基层处理 2. 挂钢丝网片 3. 设置分格缝 4. 摊铺防水材料
			d	变形缝	1. 部位做法 2. 材料规格	m	按设计图所示，以长度计算	1. 清缝 2. 填塞防水材料 3. 安设盖板 4. 刷防护材料
	3			混凝土工程				
		1		混凝土工程				

续表

项	目	节	细目	项目名称	项目特征	计量单位	工程量计算规则	工程内容
			a	混凝土方柱	1. 柱高度 2. 断面尺寸 3. 强度等级	m^3	按设计图所示尺寸以体积计算，不扣除构件内钢筋 预埋铁件所占体积柱高：(1)有梁板柱高，应自柱基上表面(或楼板上表面)至上一层楼板上表面之间的高度计算；(2)框架柱高。应自柱基上表面至柱顶高度计算；(3)构造柱按全高计算(与砖墙嵌接部分的体积并入柱身体积)	1. 混凝土制作 2. 运输 3. 浇捣 4. 养护
			b	混凝土构造柱				
			c	混凝土圆柱				

续表

项	目	节	细目	项目名称	项目特征	计量单位	工程量计算规则	工程内容
			d	混凝土梁	1. 标高 2. 断面尺寸 3. 强度等级	m^3	按设计图所示尺寸以体积计算，不扣除构件内钢筋、预埋铁件所占体积梁长：(1)梁与柱连接时，梁长算至柱侧面；(2)主梁与次梁连接时，次梁长算至主梁侧面；(3)伸入墙内的梁头、梁柱体积并入梁体积计算	1. 混凝土制作 2. 运输 3. 浇捣 4. 养护
			e	混凝土基础梁			按设计图所示尺寸以体积计算，不扣除构件内钢筋、预埋铁件所占体积梁长；梁与柱连接时，梁长算至柱侧面	

续表

项	目	节	细目	项目名称	项目特征	计量单位	工程量计算规则	工程内容
			f	混凝土圈梁	1. 标高 2. 断面尺寸 3. 强度等级	m^3	按设计图所示尺寸以体积计算，不扣除构件内钢筋、预埋铁件所占体积	1. 混凝土制作 2. 运输 3. 浇捣 4. 养护
			g	混凝土有梁板			按设计图所示尺寸以体积计算，不扣除构件内钢筋、预埋铁件及 $0.3m^2$ 以内孔洞所占体积	1. 现浇或预制安装

续表

项	目	节	细目	项目名称	项目特征	计量单位	工程量计算规则	工程内容
			h	预应力空心混凝土板	1. 标高 2. 断面尺寸 3. 强度等级	m^3	空心板的空洞体积应扣除。 其中： (1)有梁板包括主、次梁与板，按梁、板体积之间和计算； (2)无梁板按板和柱帽体积之和计算； (3)各类板伸入墙内的板头并入板体积内计算	1. 现浇或预制安装
			i	混凝土无梁板				
			j	混凝土平板				
			k	混凝土天沟、挑檐板			按设计图所示尺寸，以体积计算	

续表

项	目	节	细目	项目名称	项目特征	计量单位	工程量计算规则	工程内容
			l	雨篷、阳台板	1. 标高 2. 断面尺寸 3. 强度等级	m^2	按设计图所示以墙外部分体积计算，伸出墙外的牛腿和雨篷反挑檐合并在体积内计算	1. 现浇或预制安装
			m	钢筋混凝土小型构件	1. 断面尺寸 2. 强度等级	m^3	按设计图所示尺寸以体积计算，不扣除构件内钢筋、铁件及小于300×300mm 以内孔洞面积所占体积	

续表

项	目	节	细目	项目名称	项目特征	计量单位	工程量计算规则	工程内容
			n	混凝土直形墙	1. 断面尺寸 2. 强度等级	m^3	按设计图所示尺寸以体积计算，不扣除构件内钢筋、铁件及小于300×300mm以内孔洞面积所占体积，应扣除门帘洞口及$0.3m^2$以外孔洞的体积，墙垛及突出部分并入墙体积计算	1. 混凝土制作 2. 运输 3. 浇捣 4. 养护
			o	混凝土楼梯			按设计图所示尺寸的水平，投影面积计算，不扣除宽度小于500mm的楼梯井，伸入墙内部分不计	1. 现浇或预制安装

续表

项	目	节	细目	项目名称	项目特征	计量单位	工程量计算规则	工程内容
			p	台阶	1. 断面尺寸 2. 强度等级	m^3	按设计图所示以体积计算	1. 现浇或预制安装
			q	现浇混凝土钢筋（种类）	1. 材料规格	t	按设计图所示尺寸长度乘以单位理论重量计算	1. 制作 2. 运输 3. 安装
			r	预制混凝土钢筋（种类）				
			s	钢筋网片			按设计图所示的分类钢筋重量计算	
			t	钢筋笼				
			u	预埋铁件（螺栓）			按设计图所示尺寸，以重量计算	1. 螺栓、铁件制作 2. 运输 3. 安装

续表

项	目	节	细目	项目名称	项目特征	计量单位	工程量计算规则	工程内容
	4			砌体工程				
		1		砖砌体工程				
			a	实心砖墙	1. 材料规格 2. 断面尺寸 3. 强度等级	m^3	按设计图所示尺寸以体积计算。应扣除门窗洞口，过人洞、空洞、嵌入墙内的钢筋混凝土柱、梁、圈梁、挑梁、过梁及凹进墙内的壁龛、管槽、暖气槽、消火栓箱所占体积。不扣	1. 材料运输 2. 砌砖 3. 勾缝 4. 搭拆脚手架

续表

项	目	节	细目	项目名称	项目特征	计量单位	工程量计算规则	工程内容
			a	实心砖墙	1. 材料规格 2. 断面尺寸 3. 强度等级	m^3	除梁头、板头、檩头、垫木、木楞头、沿缘木、木砖、门窗走头、砖墙内加固钢筋、木筋、铁件、钢管及 $0.3m^2$ 以下孔洞所占体积。凸出墙面的腰线、挑檐、压顶、窗台线、虎头砖、门窗套体积亦不增加。凸出墙面的砖垛并入墙体内	1. 材料运输 2. 砌砖 3. 勾缝 4. 搭拆脚手架

续表

项	目	节	细目	项目名称	项目特征	计量单位	工程量计算规则	工程内容
			a	实心砖墙	1. 材料规格 2. 断面尺寸 3. 强度等级	m^3	1. 墙长度：外墙按中心线，内墙按净长计算 1. 墙高度： （1）外墙：斜（坡）屋面无檐口天棚者算至屋面板底；有屋架且室外均有天棚者，算至屋架下弦底面另加 200mm；无天棚者算至屋架下弦底面加 300mm，出檐宽度超过 600mm 时应按实砌高度计算；平屋面算至钢筋混凝土板度；	1. 材料运输 2. 砌砖 3. 勾缝 4. 搭拆脚手架

续表

项	目	节	细目	项目名称	项目特征	计量单位	工程量计算规则	工程内容
			a	实心砖墙	1. 材料规格 2. 断面尺寸 3. 强度等级	m^3	（2）内墙：位于屋架下弦者，其高度算至屋架底；无屋架者算至天棚底另加100mm；有钢筋混凝土楼板隔层者算至板顶；有框架梁时算至梁底； （3）女儿墙：从屋面板上表面算至女儿墙顶面（如有混凝土压顶时算至压顶下表面）； （3）内、外山墙：按其平均高度计算； （5）围墙：围柱并入围墙体积内	1. 材料运输 2. 砌砖 3. 勾缝 4. 搭拆脚手架

续表

项	目	节	细目	项目名称	项目特征	计量单位	工程量计算规则	工程内容
			b	填充墙	1. 材料规格 2. 断面尺寸 3. 强度等级	m^3	按设计图所示尺寸以体积计算。墙角、内外墙交接处、门窗洞口立边、窗台砖、屋檐处的实砌部分并入空斗墙体积内计算	1. 材料运输 2. 砌砖 3. 勾缝 4. 搭拆脚手架
			c	空斗墙				
			d	实心砖柱			按设计图所示尺寸以体积计算。扣除混凝土及钢筋混凝土及钢筋混凝土梁梁垫、梁头所占体积	

续表

项	目	节	细目	项目名称	项目特征	计量单位	工程量计算规则	工程内容
			e	砖窨井、检查井	1. 断面尺寸 2. 垫层材料厚度 3. 强度等级	m^3	按设计图所示，以体积计算	1. 挖运土方、材料运输 2. 铺筑垫层夯实 3. 铺筑底板 4. 砌砖 5. 勾缝 6. 井池底、壁抹灰 7. 抹防潮层 8. 回填土 9. 盖（钢筋）混凝土板或铸铁盖板
			f	砖水池、化粪池				

续表

项	目	节	细目	项目名称	项目特征	计量单位	工程量计算规则	工程内容
			g	砖地沟、明沟	1. 断面尺寸 2. 垫层材料厚度 3. 强度等级	m	按设计图所示，以体积计算	1. 开挖 2. 垫层 3. 浇筑底板 4. 砌砖 5. 抹灰、勾缝 6. 盖（钢筋）混凝土板或铸铁盖板
			h	砖散水、地坪	1. 厚度 2. 强度等级	m^2	按设计图示，以面积计算	1. 地基找平、夯实 2. 材料运输 3. 砌砖散水、地坪 4. 抹砂浆面层

续表

项	目	节	细目	项目名称	项目特征	计量单位	工程量计算规则	工程内容
		2		石砌体				
			a	石挡土墙	1. 材料规格 2. 断面尺寸 3. 强度等级	m^3	按设计图所示尺寸，以体积计算	1. 材料运输 2. 砌石勾缝 3. 压顶抹灰
			b	石护坡				1. 材料运输 2. 砌石勾缝
			c	石台阶				1. 材料运输 2. 砌石
			d	石地沟、明沟	1. 断面尺寸 2. 材料规格 3. 垫层厚度 4. 强度等级	m	按设计图所示，以长度计算	1. 挖运土石方 2. 铺筑垫层 3. 砌石勾缝 4. 回填土

续表

项	目	节	细目	项目名称	项目特征	计量单位	工程量计算规则	工程内容
	5			门窗工程				
		1		金属门				
			a	铝合金平开门	1. 框材质、外围尺寸 2. 扇材质、外围尺寸 3. 玻璃品种、规格 4. 五金要求	樘	按设计图所示数量计算	1. 门制作、运输、安装 2. 五金安装
			b	铝合金推拉门				
			c	铝合金地弹门				
			d	塑钢门				
			e	防盗门				
			f	金属卷闸门	1. 门材质、框外围尺寸 2. 启动装置品种、规格、品牌 3. 五金要求	樘	按设计图所示数量计算	1. 门、启动装置、五金配件安装
			g	防火门				

续表

项	目	节	细目	项目名称	项目特征	计量单位	工程量计算规则	工程内容
		2		木质门				
			a	镶木板门	1. 框断面尺寸、单扇面积 2. 骨架材料种类 3. 面层材料品种、规格、品牌、颜色 4. 五金要求 5. 防护层材料种类 6. 油漆品种、刷漆遍数	樘	按设计图所示数量计算	1. 门制作、运输、安装 2. 五金安装 3. 刷防护材料 4. 刷油漆
			b	企口木板门				
			c	实木装饰门				
			d	胶合板门				
			e	夹板装饰门				

续表

项	目	节	细目	项目名称	项目特征	计量单位	工程量计算规则	工程内容
		3		金属窗				
			a	铝合金窗（平开窗）	1. 框材质、外围尺寸 2. 扇材质、外围尺寸 3. 玻璃品种、规格 4. 五金要求	樘	按设计图所示数量计算	1. 窗制作、运输、安装 2. 五金安装
			b	铝合金推拉窗				
			c	铝合金固定窗				
			d	塑钢窗				
			e	金属防盗窗				
			f	铝合金纱窗				

续表

项	目	节	细目	项目名称	项目特征	计量单位	工程量计算规则	工程内容
		4		门窗套				
			a	实木门窗套	1. 底层厚度、强度等级 2. 立筋材料种类、规格 3. 基层材料种类 4. 面层材料品种、规格、品牌、颜色 5. 防护材料种类 6. 油漆品种、刷油遍数	m^2	按设计图所示，以展开面积计算	1. 底层抹灰 2. 立筋制作、安装、基层板安装、铺贴面层 3. 刷防护材料 4. 刷油漆
		5		电动门				
			a	不锈钢电动伸缩门	1. 品种、规格、品牌	套	按设计图所示数量计算	1. 制作安装 2. 附件装配 3. 维护调试

续表

项	目	节	细目	项目名称	项目特征	计量单位	工程量计算规则	工程内容
	6			地面与楼面工程				
		1		地面				
			a	细石混凝土地面	1. 找平层厚度、强度等级 2. 防水层厚度、材料种类 3. 面层强度等级	m^2	按设计图所示以面积计算，应扣除凸出地面构筑物、设备基础、室内、地沟等所占面积，不扣降柱、垛、间壁墙、附墙烟囱及面积在 0.3m^2 以内的孔洞所占面积，但门洞、空圈、暖气包槽、壁龛的开口部分亦不增加	1. 清理基层、抹找平层 2. 铺设防水层 3. 抹面层
			b	水泥砂浆地面		m^3		

续表

项	目	节	细目	项目名称	项目特征	计量单位	工程量计算规则	工程内容
			c	块料楼地面	1. 找平层厚度、强度等级 2. 防水层厚度、材料种类 3. 结合层厚度、强度等级 4. 面层材料品种、规格、品牌、颜色 5. 嵌缝材料种类 6. 防护材料种类 7. 酸洗打蜡要求	m^2	按设计图所示以面积计算，门洞、空圈、暖气包槽、壁龛的开口部分并入相应的工程量内	1. 抹找平层 2. 铺设防水层 3. 铺设面层 4. 嵌缝 5. 刷防护材料 6. 酸洗打蜡
			d	石材楼地面				

续表

项	目	节	细目	项目名称	项目特征	计量单位	工程量计算规则	工程内容
			e	防静电活动地板	1. 找平层厚度、强度等级 2. 支架高度、材料种类 3. 面层材料品种、规格、品牌、颜色 4. 防护材料种类	m^2	按设计图所示以面积计算	1. 抹找平层 2. 刷防护材料 3. 安装固定支架、活动面层

续表

项	目	节	细目	项目名称	项目特征	计量单位	工程量计算规则	工程内容
			f	竹木地板	1. 平层厚度、砂浆配合比 2. 龙骨材料种类 3. 基层材料种类 4. 面层材料品种、规格、品牌、颜色 5. 粘结材料种类 6. 防护材料种类 7. 油漆品种、刷漆遍数	m^2	按设计图所示以面积计算，门洞、空圈、暖气包槽、壁龛的开口部分并入相应的工程量内	1. 抹找平层 2. 铺设龙骨、基层、面层 3. 刷防护材 4. 刷油漆
		2		楼地面层				

续表

项	目	节	细目	项目名称	项目特征	计量单位	工程量计算规则	工程内容
			a	块料楼梯面层	1. 找平层厚度、强度等级 2. 粘结层厚度、材料种类 3. 面层材料品种、规格、品牌、颜色 4. 防滑条材料种类、规格 5. 勾缝材料种类 6. 防护材料种类 7. 酸洗打蜡要求	m^2	按设计图所示以楼梯（包括踏步、休息平台以及 50mm 以内的楼梯井）水平投影面积计算楼梯与楼地面相连时，算至梯口梁内侧边沿；无梯口梁者，算至最上一层踏步边沿加 300mm	1. 抹找平层 2. 铺贴面层 3. 贴嵌防滑条 4. 刷防护材料 5. 酸洗打蜡
			b	石材楼梯面层				

续表

项	目	节	细目	项目名称	项目特征	计量单位	工程量计算规则	工程内容
		3		扶手、栏杆				
			a	硬木扶手带栏杆、栏板	1. 扶手材料种类、规格、品牌、颜色 2. 栏杆材料种类、规格、品牌、颜色 3. 栏板材料种类、规格、品牌、颜色 4. 固定配件种类 5. 防护材料种类 6. 油漆品种、刷漆遍数	m	按设计图所示以扶手中心线长度（包括弯头长度）计算	1. 扶手制作、安装 2. 栏杆、栏板制作、安装 3. 弯头制作、安装 4. 刷防护材料 5. 刷油漆
			b	金属扶手带栏杆、栏板				

续表

项	目	节	细目	项目名称	项目特征	计量单位	工程量计算规则	工程内容
		4		台阶面层				
			a	块料台阶面层	1. 找平层厚度、强度等级 2. 粘结层厚度、材料种类 3. 面层材料品种、规格、品牌、颜色 4. 勾缝材料种类 5. 防滑条材料种类、规格 6. 防护材料种类	m	按设计图所示以台阶（包括最上层踏步边沿加300mm）水平投影面积计算	1. 抹找平层 2. 铺贴面层 3. 贴嵌防滑条 4. 刷防护材料
			b	石料台阶面层				
	7			屋面工程				
		1		屋面				

续表

项	目	节	细目	项目名称	项目特征	计量单位	工程量计算规则	工程内容
			a	瓦屋面	1. 瓦品种、规格、品牌、颜色 2. 防水材料种类 3. 基层材料种类 4. 檩条种类、截面尺寸 5. 防护材料种类	m^2	按设计图所示以斜面面积计算。不扣除房上烟囱、风帽底座、风道、小气窗、斜沟等所占面积。小气窗的出檐部分亦不增加	1. 安檩条 2. 安椽子 3. 铺基层 4. 铺防水层 5. 安顺水条和挂瓦条 6. 刷防护材料
			b	型材屋面	1. 型材品种、规格、品牌、颜色 2. 骨架材料品种、规格 3. 接缝、嵌缝材料种类	m^2	按设计图所示以斜面面积计算。不扣除房上烟囱、风帽底座、风道、小气窗、斜沟等所占面积。小气窗的出檐部分亦不增加	1. 骨架制作、安装 2. 屋面型材安装 3. 接缝、嵌缝

续表

项	目	节	细目	项目名称	项目特征	计量单位	工程量计算规则	工程内容
			c	屋面卷材防水	1. 卷材品种、规格 2. 防水层作法 3. 嵌缝材料种类 4. 防护材料种类	m^2	按设计图所示尺寸以斜面面积计算 （1）斜屋顶（不包括平屋顶找坡）按斜面积计算；平屋顶按水平投影面积计算； （2）不扣除房上烟囱、风帽底座、风道、屋面小气窗和斜沟所占的面积； （3）屋面的女儿墙、伸缩缝和天窗等处的弯起部分，并入屋面工程量计算	1. 基层处理 2. 抹找平层 3. 刷底油 4. 铺油毡卷材、接缝、嵌缝 5. 铺保护层
			d	屋面涂膜防水	1. 防水膜品种 2. 涂膜厚度 3. 嵌缝材料种类 4. 防护材料种类			1. 基层处理 2. 抹找平层 3. 涂防水膜 4. 铺保护层

续表

项	目	节	细目	项目名称	项目特征	计量单位	工程量计算规则	工程内容
			e	屋面刚性防水	1. 防水层厚度 2. 嵌缝材料种类 3. 强度等级	m^2	按设计图所示以面积计算，不扣除房上烟囱、风帽底座、风道等所占的面积	1. 基层处理 2. 铺筑混凝土
			f	屋面排水管	1. 排水管品种、规格、品牌、颜色 2. 接缝、嵌缝材料种类 3. 油漆品种、刷漆遍数	m	按设计图所示尺寸以长度计算，设计未标注尺寸的，以檐口至设计室外地面垂直距离计算	1. 安装固定排水管、配件 2. 安雨水斗、雨水篦子 3. 接缝、嵌缝
			g	屋面天沟、尚沟	1. 材料品种 2. 宽度、坡度 3. 接缝、嵌缝材料种类 4. 防护材料种类	m^2	按设计图所示以面积计算，铁皮和卷材天沟按展开面积计算	1. 砂浆找坡 2. 铺设天沟材料 3. 安天沟配件 4. 接缝嵌缝 5. 刷防护材料

续表

项	目	节	细目	项目名称	项目特征	计量单位	工程量计算规则	工程内容
	8			钢结构工程				
		1		钢结构工程				
			a	钢网架	1. 钢材品种、规格 2. 网架节点形式、连接方式 3. 网架跨度、安装高度 4. 探伤要求 5. 油漆品种、刷漆遍数	m^2	按设计图所示尺寸以重量计算，不扣除孔眼、切边、切肢的重量，焊条铆钉、螺栓等的重量不另增加。不规则或多边形钢板，以其外接矩形面积乘以厚度计算	1. 制作 2. 运输 3. 拼装 4. 拼装台安拆 5. 安装 6. 探伤 7. 刷油漆 8. 搭拆脚手架
			b	钢楼梯	1. 钢材品种、规格 2. 钢梯形式 3. 油漆品种、刷漆遍数	t		1. 制作 2. 运输 3. 安装 4. 探伤 5. 刷油漆

续表

项	目	节	细目	项目名称	项目特征	计量单位	工程量计算规则	工程内容
			c	钢管柱	1. 钢材品种、规格 2. 单根柱重量 3. 探伤要求 4. 油漆种类、刷漆遍数	t	按设计图所示尺寸以重量计算，不扣除孔眼、切边、切肢的重量焊条、铆钉、螺栓等的重量不另增加。不规则或多边形钢板，以其外接矩形面积乘厚度计算。钢管柱上的节点板、加强环、内衬管、牛腿等并入钢管柱工程量内	1. 制作 2. 运输 3. 安装 4. 探伤 5. 刷油漆 6. 脚手架

续表

项	目	节	细目	项目名称	项目特征	计量单位	工程量计算规则	工程内容
			d	围墙大门	1. 材质、规格 2. 油漆种类、刷漆遍数	樘	按设计图所示数量计算	1. 制作、运输 2. 安装 3. 刷油漆
			e	阳台晾衣架	1. 材质、形式、规格	个		1. 制作、安装 2. 刷油漆
			f	室外晾衣棚		m^2		
	9			墙面工程				
		1		抹灰、勾缝				

续表

项	目	节	细目	项目名称	项目特征	计量单位	工程量计算规则	工程内容
			a	墙面一般抹灰	1. 墙体类型 2. 底层厚度、强度等级 3. 装饰面材料种类、厚度、强度等级 4. 装饰线条宽度、材料种类	m^2	按设计图所示以面积计算，应扣除墙裙、门窗洞口和 $0.3m^2$ 以上的孔洞面积，不扣除踢脚线、挂镜线和墙与构件交接处的面积，门窗洞和孔洞的侧壁及顶面亦不增加。附墙柱、梁、垛、烟囱侧壁并入相应的墙面积内计算 1. 外墙抹灰面积：按外墙垂直投影面积计算 2. 外墙裙抹灰面积：按其长度乘高度计算 3. 内墙抹灰面积：以主墙间的净长乘高度计算 高度的确定： （1）无墙裙的，按室内楼地面至天棚底面高度 （2）有墙裙的，按墙裙顶至天棚底面高度 4. 内墙裙抹灰面：按内墙净长计算	1. 砂浆制作 2. 墙面抹灰、分格嵌缝 3. 抹装饰线条 4. 搭拆脚手架
			b	墙面装饰抹灰				
			c	墙面勾缝	1. 墙体类型 2. 勾缝类型 3. 勾缝材料种类	m^2		1. 拌和砂浆 2. 勾缝 3. 养护 4. 搭拆脚手架

续表

项	目	节	细目	项目名称	项目特征	计量单位	工程量计算规则	工程内容
			d	柱面一般抹灰	1. 柱体类型 2. 底层厚度、强度等级 3. 装饰面材料种类、厚度、强度等级	m^2	按设计图所示，以柱断面周长乘高度计算	1. 砂浆制作 2. 柱面抹灰 3. 分格 4. 嵌条 5. 搭拆脚手架
			e	柱面装饰抹灰				
			f	柱面勾缝	1. 墙体类型 2. 勾缝类型 3. 勾缝材料种类	m^2	按设计图所示，以面积计算	1. 拌和砂浆 2. 勾缝 3. 养护 4. 搭拆脚手架

续表

项	目	节	细目	项目名称	项目特征	计量单位	工程量计算规则	工程内容
		2		墙面				
			a	石材墙面	1. 墙体材料 2. 底层厚度、强度等级 3. 结合层厚度、材料种类 4. 挂贴方式 5. 干挂方式(膨胀螺栓、钢龙骨) 6. 面层材料品种、规格、品牌、颜色 7. 缝宽、嵌缝材料种类 8. 防护材料种类 9. 碎石磨光、酸洗打蜡要求	m^2	按设计图所示，以面积计算	1. 底层抹灰 2. 铺贴、干挂式或挂贴面层 3. 刷防护材料 4. 磨光、酸洗打蜡 5. 脚手架
			b	块料墙面				

续表

项	目	节	细目	项目名称	项目特征	计量单位	工程量计算规则	工程内容
			c	干挂石材钢骨架	1. 骨架种类、规格 2. 油漆品种、刷漆遍数	m^2	按设计图所示，以面积计算	1. 骨架制作安装 2. 骨架油漆 3. 脚手架
			d	石材柱面	1. 柱体材料 2. 柱断面尺寸 3. 底层厚度、强度等级 4. 粘结层厚度、材料种类 5. 挂贴方式 6. 干挂方式 7. 面层材料品种、规格、品牌、颜色 8. 缝宽、嵌缝材料种类 9. 防护材料种类 10. 碎石磨光、酸洗打蜡要求			

续表

项	目	节	细目	项目名称	项目特征	计量单位	工程量计算规则	工程内容
			e	块料柱面	1. 柱体材料 2. 柱截面尺寸 3. 底层厚度、强度等级 4. 粘结层厚度、材料种类 5. 挂贴方式 6. 干挂方式 7. 面层材料品种、规格、品牌、颜色 8. 缝宽、嵌缝材料种类 9. 防护材料种类 10. 碎石磨光、酸洗打蜡要求	m^2	按设计图所示，以面积计算	1. 底层抹灰 2. 铺贴、干挂式或挂贴面层 3. 刷防护材料 4. 磨光、酸洗打蜡 5. 脚手架

续表

项	目	节	细目	项目名称	项目特征	计量单位	工程量计算规则	工程内容
		3		装饰墙面				
			a	装饰墙面	1. 墙体材料 2. 底层厚度、强度等级 3. 龙骨材料种类、规格 4. 隔离层材料种类 5. 基层材料种类、规格 6. 面层材料品种、规格、品牌、颜色 7. 压条材料种类、规格 8. 防护材料种类 9. 油漆品种、刷漆遍数	m^2	按设计图所示墙净长乘净高以面积计算，扣除门窗洞口及 $0.3m^2$ 以上的孔洞所占面积	1. 底层抹灰 2. 龙骨制作、安装 3. 钉隔离层 4. 铺钉基层 5. 铺贴面层 6. 刷防护材料 7. 刷油漆、涂料 8. 搭拆脚手架

续表

项	目	节	细目	项目名称	项目特征	计量单位	工程量计算规则	工程内容
			b	装饰柱（梁）面	1. 柱（梁）体材料 2. 底层厚度、砂浆配合比 3. 龙骨材料种类、规格 4. 隔离层材料种类 5. 基层材料种类、规格 6. 面层材料品种、规格、品牌、颜色 7. 压条材料种类、规格 8. 防护材料种类 9. 油漆品种、刷漆遍数	m^2	按设计图所示外围饰面尺寸乘高度（或长度）以面积计算，柱帽、柱墩工程量并入相应柱面积内计算	1. 底层抹灰 2. 龙骨制作、安装 3. 钉隔离层 4. 铺钉基层 5. 铺贴面层 6. 刷防护材料 7. 刷油漆、涂料 8. 搭拆脚手架

续表

项	目	节	细目	项目名称	项目特征	计量单位	工程量计算规则	工程内容
		4		幕墙				
			a	带骨架幕墙	1. 骨架材料种类、规格、间距 2. 面层材料品种、规格、品牌、颜色 3. 面层固定方式 4. 嵌缝、塞口材料种类	m²	按设计图所示，以框外围面积计算	1. 幕墙制作、安装 2. 搭拆脚手架
			b	全玻幕墙	1. 玻璃品种、规格、品牌、颜色 2. 粘结塞口材料种类 3. 固定方式		按设计图所示，以面积计算，带肋全玻幕墙按展开面积计算	

续表

项	目	节	细目	项目名称	项目特征	计量单位	工程量计算规则	工程内容
		5		抹灰				
			a	天棚抹灰	1. 基层种类 2. 抹灰厚度、材料种类 3. 强度等级	m^2	按设计图所示以水平投影面积计算，不扣除间壁墙、垛、柱、附墙烟囱、检查口和管道所占的面积。带梁天棚、梁两侧抹灰面积并入天棚内计算；板式楼梯底面抹灰按斜面积计算，锯齿形状梯底板按展开面积计算	1. 砂浆制作 2. 抹灰 3. 抹装饰线条 4. 脚手架

续表

项	目	节	细目	项目名称	项目特征	计量单位	工程量计算规则	工程内容
			b	天棚饰面吊顶	1. 吊顶形式 2. 龙骨材料种类、规格 3. 基层材料种类、规格 4. 面层材料品种、规格、品牌、颜色 5. 压条材料种类、规格 6. 嵌缝材料种类 7. 防护材料种类 8. 油漆品种、刷漆遍数	m^2	按设计图所示以水平投影面积计算。天棚面中的灯槽、跌级、锯齿形、吊挂式、澡井式展开墙加的面积不另计算。不扣除间壁墙、检查洞、附墙烟囱、柱垛和管道所占面积。应扣除 $0.3m^2$ 以上孔洞、独立柱及与天棚相边的窗帘盒所有的面积	1. 龙骨制作、安装 2. 铺贴基层板 3. 铺贴面层 4. 嵌缝 5. 刷防护材料 6. 刷油漆、涂料 7. 脚手架

续表

项	目	节	细目	项目名称	项目特征	计量单位	工程量计算规则	工程内容
			c	灯带	1. 灯带规格 2. 格栅片材料品种、规格、品牌、颜色 3. 安装固定方式	m^2	按设计图所示以框外围面积计算	1. 格栅片安装 2. 固定 3. 脚手架
	10			室外及附属设施工程				
		1		路面				
			a	垫层	1. 厚度 2. 材料品种规格 3. 级配	m^2	按设计图所示，以面积计算	1. 运料 2. 拌合 3. 铺筑 4. 找平 5. 碾压 6. 养护
			b	石灰稳定土	1. 厚度 2. 含灰量			

续表

项	目	节	细目	项目名称	项目特征	计量单位	工程量计算规则	工程内容
			c	水泥稳定土	1. 厚度 2. 水泥含量	m²	按设计图所示，以面积计算	1. 运料 2. 拌合 3. 铺筑 4. 找平 5. 碾压 6. 养护
			d	石灰、粉煤灰、土	1. 厚度 2. 配合比			
			e	石灰、碎（砾）石、土	1. 材料品种 2. 厚度 3. 配合比			
			f	水泥稳定碎（砂砾）石	1. 厚度 2. 材料规格 3. 配合比			

续表

项	目	节	细目	项目名称	项目特征	计量单位	工程量计算规则	工程内容
			g	水泥混凝土	1. 强度等级 2. 厚度 3. 外掺剂品种、用量 4. 传力杆及套筒安装要求	m^2	按设计图所示，以面积计算	1. 拉杆、角隅钢筋、传力杆及套筒制作安装 2. 模板 3. 混凝土浇注、运输 4. 拉毛或压痕 5. 锯缝 6. 嵌缝 7. 真空吸水 8. 路面养护
			h	块料面层	1. 材料品种 2. 规格 3. 垫层厚度 4. 强度等级			1. 铺筑垫层 2. 铺砌块料 3. 嵌缝、勾缝

续表

项	目	节	细目	项目名称	项目特征	计量单位	工程量计算规则	工程内容
			i	现浇混凝土人行道	1. 强度等级 2. 面层厚度 3. 垫层材料品种、厚度	m^2	按设计图所示，以面积计算	1. 基层整形碾压 2. 模板 3. 垫层铺筑 4. 面层混凝土浇注 5. 养护
		2		树池砌筑	1. 材料品种、规格 2. 树池尺寸	个	按设计图所示数量计算	1. 筑树池
	11			暖卫及给排水工程				
		1		管道				

续表

项	目	节	细目	项目名称	项目特征	计量单位	工程量计算规则	工程内容
			a	镀锌钢管	1. 安装部位（室内、外） 2. 材料材质、规格 3. 连接方式 4. 套管形式 5. 管道泄漏性试验设计要求 6. 除锈标准、刷油防腐、绝热及保护层设计要求	m	1. 按设计图所示的管道中心线长度以延长米计算，不扣除阀门、管件及各种井类所占的长度 2. 方形补偿器以其所占长度计入管道安装工程量	1. 管道、管件及弯管的制作安装 2. 套管（包括防水套管）制作安装 3. 钢管除锈、刷油、防腐 4. 管道绝热及保护层安装、除锈刷油 5. 泄漏性试验 6. 警示带、标志牌装设 7. 金属软管安装 8. 给水管道消毒、冲洗 9. 水压试验
			b	焊接钢管				
			c	钢管				

续表

项	目	节	细目	项目名称	项目特征	计量单位	工程量计算规则	工程内容
			d	塑料管（UP-VC、PP-C、PP-R管）	1. 安装部位（室内、外） 2. 材料材质、规格 3. 连接方式 4. 套管形式 5. 除锈标准、刷油防腐、绝热及保护层设计要求	套	1. 按设计图所示的管道长度以延长米计算，不扣除阀门、管件及各种井类所占的长度 2. 方形补偿器以其所占长度计入管道安装工程量	1. 管道、管件及弯管的制作安装 2. 管件安装（指铜管管件、不锈钢管管件） 3. 套管（包括防水套管）制作安装 4. 钢管除锈、刷油、防腐 5. 管道绝热及保护层安装、除锈刷油 6. 给水管道消毒、冲洗 7. 水压试验
			e	塑料复合管				

续表

项	目	节	细目	项目名称	项目特征	计量单位	工程量计算规则	工程内容
		2		阀门				
			a	螺纹阀门	1. 类型（浮球阀、手动排气阀、液压式水位控制阀、不锈钢阀门、煤气减压阀、液相自动转换阀、过滤阀等） 2. 材质 3. 型号规格 4. 绝热及保护层设计要求	个	按设计图所示数量计量	1. 阀门安装 2. 阀门绝热及保护层
			b	螺纹法兰阀门				
			c	焊接法兰阀门				
			d	安全阀				

续表

项	目	节	细目	项目名称	项目特征	计量单位	工程量计算规则	工程内容
			e	法兰	1. 材质、规格 2. 连接方式	副	按设计图所示数量计算	1. 法兰安装
			f	水表				1. 水表安装
		3		卫生器具				
			a	洗脸盆	1. 材质 2. 组装形式 3. 型号规格 4. 开关品种	组	按设计图所示数量计算	1. 洗脸盆及附件安装
			b	洗手盆				
			c	洗涤盆				
			d	淋浴器	1. 材质 2. 组装形式 3. 型号规格	组	按设计图所示数量计量	1. 淋浴器及附件安装
			e	大便器		套		1. 大便器及附件安装
			f	小便器		套		1. 小便器及附件安装

续表

项	目	节	细目	项目名称	项目特征	计量单位	工程量计算规则	工程内容
			g	排水栓	1. 弯头形式 2. 材质 3. 型号规格	组	按设计图所示数量计算	1. 安装
			h	水龙头	1. 材质 2. 型号规格	个		
			i	地漏				
			j	热水器	1. 能源类型（电能、太阳能） 2. 品牌规格	台		1. 热水器安装 2. 热水器管道、管件、附件安装 3. 绝热及保护层安装

续表

项	目	节	细目	项目名称	项目特征	计量单位	工程量计算规则	工程内容
		4		防火器材				
			a	消火栓	1. 安装位置 2. 型号规格 3. 形式	套	按设计图所示数量计量	1. 消火栓及附件安装 2. 调试
			b	干粉灭火器	1. 型号规格	台		1. 安装
			c	消防水箱制作安装	1. 材质 2. 形状、容量 3. 支梁材质、型号规格 4. 除锈标准、刷油设计要求	座		1. 水箱制作 2. 水箱安装 3. 支架制作安装 4. 除锈、刷油

续表

项	目	节	细目	项目名称	项目特征	计量单位	工程量计算规则	工程内容
			d	探测器（感烟）	1. 型号规格	套	按设计图所示数量计量，其产品为成套提供	1. 装置及附件安装 2. 调试
			e	探测器（感温）				
			f	水喷头	1. 型号规格 2. 材质	个	按设计图所示数量计算	1. 喷头安装 2. 密封式、试验
			g	警报装置	1. 名称、型号 2. 规格	套	按设计图所示数量计算，其产品为成套提供	1. 装置及附件安装 2. 调试

续表

项	目	节	细目	项目名称	项目特征	计量单位	工程量计算规则	工程内容
	12			电气设备安装工程				
		1		电气工程				
			a	电力变压器（箱式变电站）	1. 品牌型号 2. 容量(kVA)	台	按设计图所示数量计量	1. 基础槽钢制安 2. 本体安装 3. 接地线安装、系统调试
			b	避雷器	1. 型号规格 2. 电压等级	组		1. 本体安装
			c	隔离开关	1. 型号规格 2. 容量(A)			

续表

项	目	节	细目	项目名称	项目特征	计量单位	工程量计算规则	工程内容
			d	成套配电柜	1. 型号规格 2. 母线设置方式 3. 回路	台	按设计图所示数量计量	1. 本件及部件安装 2. 支架、油漆制安
			e	动力（空调）配电箱				1. 基础槽钢制安、接地 2. 柜体安装、接地 3. 支持绝缘子、穿墙套管耐压试验及安装 4. 穿通板制作及安装 5. 小型工程直接采用电缆系统调试
			f	照明配电箱				
			g	插座箱				
			h	液位控制装置		套		

续表

项	目	节	细目	项目名称	项目特征	计量单位	工程量计算规则	工程内容
		2		电缆及支架				
			a	电缆敷设	1. 型号规格 2. 地形	m	按设计图所示尺寸，以长度计算	1. 揭（盖）盖板 2. 铺砖盖砖 3. 电缆敷设 4. 电缆头制作、试验及安装 5. 电缆试验
			b	电缆保护管	1. 材质 2. 规格	m	按设计图所示尺寸，以长度计算	1. 制作除锈刷油 2. 安装
			c	电缆桥架	1. 型号规格 2. 材质 3. 形式			
			d	支架		t	按设计图所示尺寸，以重量计算	1. 支架制作、除锈刷油 2. 安装

续表

项	目	节	细目	项目名称	项目特征	计量单位	工程量计算规则	工程内容
		3		高压线路				
			a	电杆组立	1. 规格 2. 类型 3. 地形	根	按设计图所示数量计算	1. 工地运输 2. 土石方工程 3. 底盘、拉盘、卡盘安装 4. 木电杆防腐 5. 电杆组立 6. 横担安装 7. 拉线制作安装
			b	导线架设	1. 型号规格 2. 地形	km	按设计图所示尺寸，以长度计算	1. 导线架线 2. 导线跨越及进户线架设 3. 铁构件制安、油漆

续表

项	目	节	细目	项目名称	项目特征	计量单位	工程量计算规则	工程内容
		4		室内供电线路				
			a	电气配管	1. 材质 2. 规格 3. 配置形式及部位	m	按设计图所示以延长米计算，不扣除管路中间的接线箱（盒）、灯头盒、开关盒所占长度	1. 刨沟槽 2. 钢索架设（拉紧装置安装） 3. 支架制作安装 4. 电缆管路敷设 5. 接线盒（箱）、灯头盒、开关盒、插座盒安装 6. 防腐油漆 7. 接地跨接

续表

项	目	节	细目	项目名称	项目特征	计量单位	工程量计算规则	工程内容
			b	线槽	1. 材质 2. 规格	m	按设计图所示，以延长米计算	1. 安装 2. 油漆
			c	电气配线	1. 材质 2. 规格 3. 配置形式 4. 敷设部位或线制	m	按设计图所示，以单线延长米计算	1. 支持体（夹板、绝缘子槽板等）安装 2. 支架制作安装及油漆 3. 钢索架设（接紧装置安装） 4. 配线

续表

项	目	节	细目	项目名称	项目特征	计量单位	工程量计算规则	工程内容
		5		灯柱、灯座				
			a	座灯、筒灯、吸顶灯	1. 型号规格 2. 安装形式及高度	套	按设计图所示数量计算	1. 安装
			b	双管荧光灯				
			c	单管荧光灯				
			d	工矿灯、应急灯、防爆灯				
			e	柱顶灯				
			f	庭园灯				
			g	路灯				
			h	草坪灯				
			i	圆球灯				

续表

项	目	节	细目	项目名称	项目特征	计量单位	工程量计算规则	工程内容
		6		开关				
			a	开关（单联、双联、三联）	1. 型号规格 2. 容量(A)	套	按设计图所示数量计量	1. 本体安装
			b	带开关插座（防浅型）			按合同规定的型号、功率、数量配置验收合格为准	
		7		吊风扇	1. 型号规格 2. 品牌	套	按合同规定的型号、功率、数量配置验收合格为准	1. 本体及部件安装

续表

项	目	节	细目	项目名称	项目特征	计量单位	工程量计算规则	工程内容
		8		发电机设备				
			a	发电机组	1. 型号 2. 容量(kV)	套	按合同规定的型号、功率、数量配置验收合格为准	1. 木体安装 2. 检查接线 3. 干燥 4. 系统调试
		9		防雷及接地装置				
			a	室内外接地线安装	1. 规格 2. 材质	m	按设计图所示，以长度计算	1. 接地极(板)制作安装 2. 接地母线敷设 3. 换土或化学接地装置 4. 接地跨接线 5. 构架接地 6. 防腐及油漆 7. 接地装置调试

续表

项	目	节	细目	项目名称	项目特征	计量单位	工程量计算规则	工程内容
			b	避雷装置	1. 型号 2. 长度	套	按设计图所示数量计算	1. 避雷针制作安装 2. 避雷网敷设 3. 引下线敷设、断接卡子制作安装 4. 拉线制作安装 5. 接地极（板、桩）制作安装 6. 极间连接 7. 油漆 8. 换土或化学接地装置 9. 钢铝窗接地 10. 均压环敷设 11. 柱主筋、圈梁钢筋焊接与避雷装置调试

第二章 公路工程钢筋用量的计算

第一节 钢筋用量的含义

单位工程钢筋用量通常有以下三种含义，并用于不同的造价编制之中。

单位工程钢筋用量含义表　　表 2-1

定额钢筋用量	在编制定额的每个钢筋混凝土工程子目时，都综合了类似的、且具有代表性的钢筋混凝土构件，通过工程分析计算汇总求得钢筋总用量以作为定额钢筋含量，已包括了定额的操作损耗率，主要作用是作为调整定额钢筋含量的基础数据
钢筋预算用量	根据设计图纸、施工技术规范和验收规范的要求，以及建筑定额的操作损耗率，按实抽料计算汇总求得的单位工程钢筋总用量。它和建筑工程定额用量内容口径一致，也是用作调整定额钢筋含量差额的依据

续表

钢筋配料用量	它是施工单位根据设计图纸的要求和施工技术措施而制定出钢筋材料的总用量，其中包括了钢筋弯曲延伸和短料利用以及备用钢筋等因素，它是施工单位内部生产管理的计划数据

编制造价时，钢筋混凝土构件按图示计算的钢筋总用量（质量分数）（包括 2.5%的损耗率）与定额用量相差在 3%（质量分数）以上时就需要调整，并有相应的调整方法。

公路工程定额中，所有钢筋混凝土结构和预应力钢筋混凝土结构项目中均列有钢筋、预应力钢筋或钢绞线子目，在编制公路工程造价时，只需套用相应的定额乘以设计图纸钢筋数量便得出预算基价和工、料、机消耗数量。其中钢筋消耗量只包含了规定的损耗量。

第二节　钢筋保护层的厚度

详见表 2-2。

钢筋保护层的厚度表　　　　表 2-2

构件名称		保护层厚度/mm
基础	有垫层	35
	没有垫层	70
梁和柱	受力钢筋	25
	箍筋和构造钢筋	15
墙和板	厚度等于或小于 100mm	10
	厚度大于 100mm	15

第三节　钢筋单位理论质量

钢筋每米理论质量＝0.006165×d^2（d 为钢筋直径）或按表 2-3 计算。

钢筋计算常用数据　　　　表 2-3

直径 d	理论质量/(kg/m)	横截面面积/cm^2	直径倍数/mm									
			$3d$	$6.25d$	$8d$	$10d$	$12.5d$	$20d$	$25d$	$30d$	$35d$	$40d$
4	0.099	0.126	12	25	32	40	50	80	100	120	140	160
6	0.222	0.283	18	38	48	60	75	120	150	180	210	240
6.5	0.26	0.332	20	41	52	65	81	130	163	195	228	260
8	0.395	0.503	24	50	64	80	100	160	200	240	280	320

续表

直径 d	理论质量/(kg/m)	横截面面积/cm^2	直径倍数/mm									
			3d	6.25d	8d	10d	12.5d	20d	25d	30d	35d	40d
9	0.490	0.635	27	57	72	90	113	180	225	270	315	360
10	0.617	0.785	30	63	80	100	125	200	250	300	350	400
12	0.888	1.131	36	75	96	120	150	240	300	360	420	480
14	1.208	1.539	42	88	112	140	175	280	350	420	490	560
16	1.578	2.011	48	100	128	160	200	320	400	480	560	640
18	1.998	2.545	54	113	144	180	225	360	450	540	630	720
19	2.230	2.835	57	119	152	190	238	380	475	570	665	760
20	2.466	3.142	60	125	160	220	250	400	500	600	700	800
22	2.984	3.301	66	138	176	220	275	440	550	660	770	880
24	3.551	4.524	72	150	192	240	300	480	600	720	840	960
25	3.850	4.909	75	157	200	250	313	500	625	750	875	1000
26	4.170	5.309	78	163	208	260	325	520	650	780	910	1040
28	4.830	6.153	84	175	224	280	350	560	700	840	980	1160
30	5.550	7.069	90	188	240	300	375	600	750	900	1050	1200
32	6.310	8.043	96	200	256	320	400	640	800	960	1120	1280
34	7.130	9.079	102	213	272	340	425	680	850	1020	1190	1360
35	7.500	9.620	105	219	280	350	438	700	875	1050	1225	1400
36	7.990	10.179	108	225	288	360	450	720	900	1080	1200	1440
40	9.865	12.561	120	250	320	400	500	800	1000	1220	1400	1600

第四节　冷拉钢筋质量换算

详见表 2-4。

冷拉钢筋质量换算　　　　表 2-4

冷拉前直径/mm			5	6	8	9	10	12	14	15
冷拉前质量/(kg/m)			0.154	0.222	0.395	0.499	0.617	0.888	1.208	1.387
冷拉后质量/(kg/m)	钢筋伸长率/%	4	0.148	0.214	0.38	0.480	0.594	0.854	1.162	1.334
		5	0.147	0.211	0.376	0.475	0.588	0.846	1.152	1.324
		6	0.145	0.209	0.375	0.471	0.582	0.838	1.142	1.311
		7	0.144	0.208	0.369	0.466	0.577	0.830	1.132	1.299
		8	0.143	0.205	0.366	0.462	0.571	0.822	1.119	1.284
冷拉前直径/mm			16	18	19	20	22	24	25	28
冷拉前质量/(kg/m)			1.578	1.998	2.226	2.466	2.984	3.550	3.853	4.834
冷拉后质量/(kg/m)	钢筋伸长率/%	4	1.518	1.992	2.140	2.372	2.871	3.414	3.705	4.648
		5	1.505	1.905	2.120	2.352	2.838	3.381	3.667	4.600
		6	1.491	1.887	2.104	2.330	2.811	3.349	3.632	4.557
		7	1.477	1.869	2.084	2.308	2.785	3.318	3.598	4.514
		8	1.441	1.850	2.061	2.214	2.763	3.288	3.568	4.476

第五节　钢筋长度的计算

钢筋长度计算规则表　　　　表 2-5

计算项目	计算法则
直筋	计算公式(见图 2-1 和表 2-6) 钢筋净长 $=L-2b+12.5D$
弯筋	计算弯筋斜长度的基本原理： 如图 2-2 所示，D 为钢筋的直径，H' 为弯筋需要弯起的高度，A 为局部钢筋的斜长度，B 为 A 向水平面的垂直投影长度。 假使以起弯点 P 为圆心，以 A 长为半径作圆弧向 B 的延长线投影，则 $A=B+A'$，A' 就是 $A-B$ 的长度差。 θ 为弯筋在垂直平面中要求弯起的水平面所形成的角度(夹角)；在工程上一般以 30°、45°和 60°为最普遍，以 45°尤为常见。 弯筋斜长度的计算可按表 2-7 确定
弯钩增加长度	根据规范要求，绑扎骨架中的受力钢筋，应在末端作弯钩。HPB235 级钢筋末端做 180°弯钩其圆弧弯曲直径不应小于钢筋直径的 2.5 倍，平直部分长度不宜小于钢筋直径的 3 倍；HRB35、HRB400 级钢筋末端需作 90°或 135°弯折时，HRB400 级钢筋不宜小于钢筋直径的 5 倍

续表

计算项目	计 算 法 则
弯钩增加长度	钢筋弯钩增加长度按图 2-3 所示计算(弯曲直径为 2.5d，平直部分为 3d)，其计算值为： 半圆弯钩 $=(2.5d+1d)\cdot\pi\frac{180}{360}-2.5d/2-1d+$(平直)$3d=6.25d$ (见图 2-3a) 直弯钩 $=(2.5d+1d)\cdot\pi\frac{180-90}{360}-2.5d/2-1d+$(平直)$3d=3.5d$ (见图 2-3b) 斜弯钩 $=(2.5d+1d)\cdot\pi\frac{180-45}{360}-2.5d/2-1d+$(平直)$3d=4.9d$ (见图 2-3c) 如果弯曲直径为 4d，其计算值则为： 直弯钩 $=(4d+1d)\cdot\pi\frac{180-90}{360}-4d/2-1d+$(平直)$3d=3.9d$ 斜弯钩 $=(4d+1d)\cdot\pi\frac{180-45}{360}-4d/2-1d+$(平直)$3d=5.9d$ 如果弯曲直径为 5d，其计算值则为： 直弯钩 $=(5d+1d)\cdot\pi\frac{180-90}{360}-5d/2-1d+$(平直)$3d=4.2d$ 斜弯钩 $=(5d+1d)\cdot\pi\frac{180-45}{360}-5d/2-1d+$(平直)$3d=6.6d$ 注：钢筋的下料长度是钢筋的中心线长度

续表

计算项目	计 算 法 则
箍筋	1. 计算方法： 包围箍(见图 2-4a)的长度 $=2(A+B)+$ 弯钩增加长度。 开口箍(见图 2-4b)的长度 $=2A+B+$ 弯钩增加长度。 箍筋弯钩增加长度见表 2-8 所示。 2. 用于圆柱的螺旋箍(见图 2-5)的长度计算公式如下： $L=N\sqrt{p^2+(D-2a-d)^2\pi^2}+$ 弯钩增加长度 式中 N——螺旋箍圈数； D——圆柱直径，m； p——螺距，m； d——钢筋直径，m

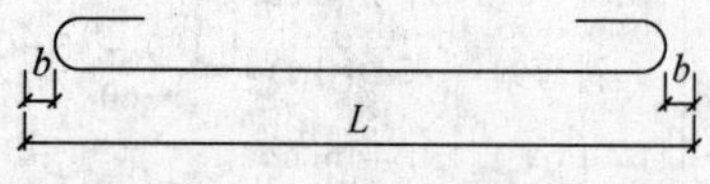

图 2-1　直筋示意图

钢筋弯头、搭接长度计算表　　表 2-6

钢筋直径 D/mm	保护层 b/cm		
	1.5	2.0	2.5
	按 L 增加长度/cm		
4	2.0	1.0	—
6	4.5	3.5	2.5
8	7.0	6.0	5.0
9	8.3	7.3	6.3
10	9.5	8.5	7.5
12	12.0	11.0	10.0
14	14.5	13.5	12.5
16	17.0	16.0	15.0
18	19.5	18.5	17.5
19	20.8	19.8	18.8
20	22.0	21.0	20.0
22	24.5	23.5	22.5
24	27.0	26.0	25.0
25	28.3	27.3	26.3
26	29.5	28.5	27.5
28	32.0	31.0	30.0
30	34.5	33.5	32.5
32	37.0	36.0	35.0
35	40.8	39.8	38.8
38	44.5	43.5	42.5
40	47.0	46.0	45.0

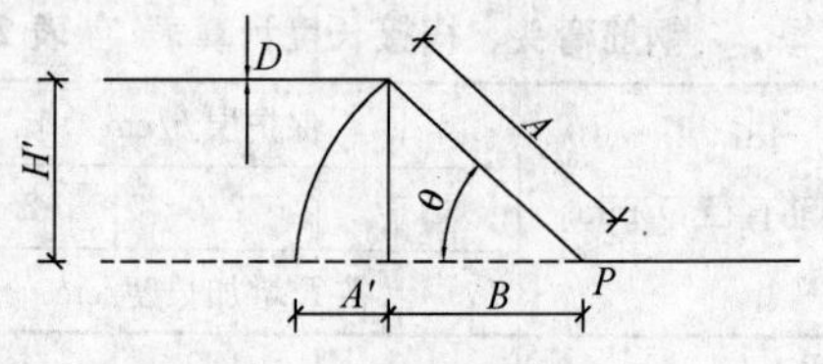

图 2-2　弯筋示意图

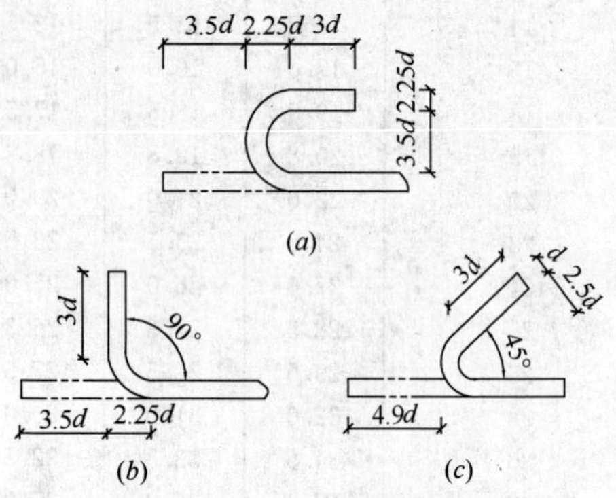

图 2-3　弯钩示意图

(*a*) 半圆弯钩；(*b*) 直弯钩；(*c*) 斜弯钩

钢筋斜长度计算表　　　　表 2-7

弯起角度 θ(°)		30	45	60
A' 的长 $= H'$ 乘 $\tan\frac{\theta}{2}$		0.268	0.414	0.577
弯起高度 H' 每 5cm 增加长度/cm	一端	1.34	2.07	2.885
	两端	2.68	4.14	5.77

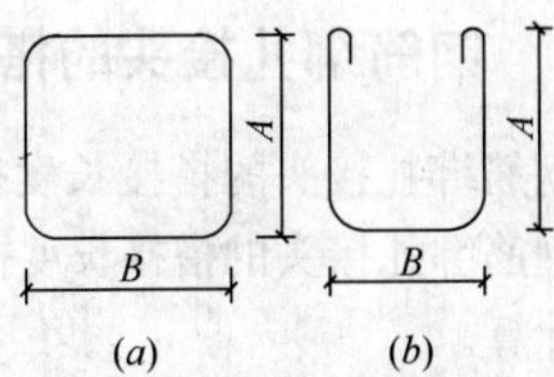

图 2-4　箍筋示意图

(a) 包围箍；(b) 开口箍

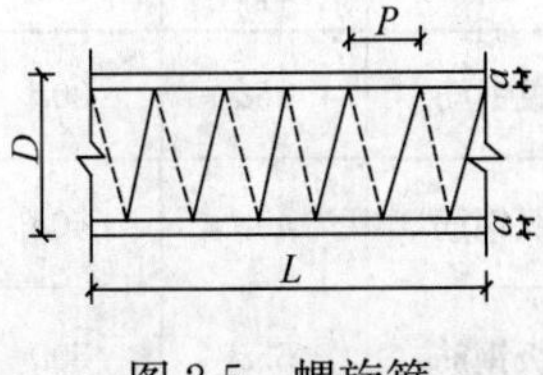

图 2-5　螺旋箍

钢筋弯钩增加长度表　　表 2-8

弯钩形式		180°	90°	135°
弯钩增加值	一般结构	8.25d	5.5d	6.87d
	13.25d	10.5d	11.87d	

第六节　钢筋绑扎接头的搭接长度

受拉钢筋绑扎接头的搭接长度按表 2-9 计算；受压钢筋绑扎接头的搭接长度按受拉钢筋的 0.7 倍计算。

受拉钢筋绑扎接头的搭接长度　表 2-9

钢筋类型	混凝土强度等级		
	C20	C25	C25 以上
HPB235 级钢筋	35d	30d	25d
HRB335 级钢筋	45d	40d	35d
HRB400 级钢筋	55d	50d	45d

续表

钢筋类型	混凝土强度等级		
	C20	C25	C25 以上
冷拔低碳钢丝	300mm		

注：1. 当 HRB335、HRB400 级钢筋直径 d 大于 25mm 时，其受拉钢筋的搭接长度应按表中数值增加 $5d$ 采用。

2. 当螺纹钢筋直径 d 不大于 25mm 时，其受拉钢筋的搭接长度应按表中值减少 $5d$ 采用。

3. 当混凝土在凝固过程中受力钢筋易受扰动时，其搭接长度宜适当增加。

4. 在任何情况下，纵向受拉钢筋的搭接长度不应小于 300mm；受压钢筋的搭接长度不应小于 200mm。

5. 轻集料混凝土的钢筋绑扎接头搭接长度应按普通混凝土搭接长度增加 $5d$，对冷拔低碳钢丝增加 500mm。

6. 当混凝土强度等级低于 C20 时，HPB235、HRB335 级钢筋的搭接长度应按表中 C20 的数值相应增加 $10d$、HRB335 级钢筋不宜采用。

7. 对有抗震要求的受力钢筋的搭接长度，对一、二级抗震等级应增加 $5d$。

8. 两根直径不同钢筋的搭接长度，以较细钢筋的直径计算。

第七节　弯起钢筋长度计算

弯起钢筋长度计算见表 2-10。

弯起钢筋长度表　　　表 2-10

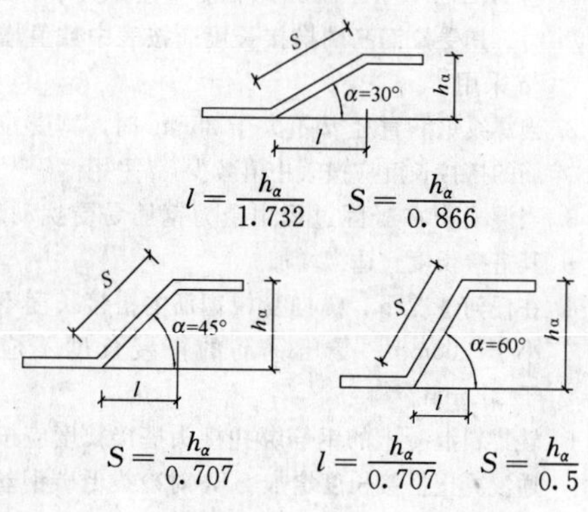

$$l=\frac{h_{\alpha}}{1.732}\qquad S=\frac{h_{\alpha}}{0.866}$$

$$S=\frac{h_{\alpha}}{0.707}\qquad l=\frac{h_{\alpha}}{0.707}\qquad S=\frac{h_{\alpha}}{0.5}$$

弯起高度	$\alpha=60°$		$\alpha=45°$	$\alpha=30°$	
h_{α}	l	S	S	l	S
40	25	50	60	70	80
50	30	60	70	90	100
60	35	70	90	100	120

续表

弯起高度	$\alpha=60°$		$\alpha=45°$	$\alpha=30°$	
h_α	l	S	S	l	S
70	40	80	100	120	140
80	50	90	110	140	160
90	55	100	130	160	180
100	60	120	140	170	200
110	65	130	160	190	220
120	70	140	170	210	240
130	80	150	180	230	260
150	90	170	210	260	300
170	100	200	240	300	340
200	120	230	280	350	400
230	130	260	320	400	460
250	150	290	350	430	500
280	160	320	390	480	560
300	170	350	420	520	600
330	190	380	470	570	660
350	200	400	490	610	700
380	220	440	540	660	760

续表

弯起高度	$\alpha=60°$		$\alpha=45°$	$\alpha=30°$	
h_α	l	S	S	l	S
400	230	460	560	690	800
430	250	490	610	740	860
450	260	520	630	780	900
480	280	550	680	830	960
500	290	580	710	870	1000
530	310	610	750	920	1060
550	320	630	780	950	1100
580	340	670	820	1000	1160
600	350	690	860	1040	1200
630	370	720	890	1090	1260
650	380	750	920		
680	390	780	960		
700	410	810	990		
730	420	840	1030		
750	440	860	1060		
780	450	900	1100		
800	460	920	1130		

续表

弯起高度	$\alpha=60^{\circ}$		$\alpha=45^{\circ}$	$\alpha=30^{\circ}$	
h_{α}	l	S	S	l	S
830	480	950	1170		
850	490	980	1200		
880	510	1010	1240		
900	520	1040	1270		
930	540	1070	1310		
950	550	1090	1340		
980	570	1130	1380		
1000	580	1150	1410		
1030	600	1180	1450		
1050	610	1210	1480		
1080	630	1240	1520		
1100	640	1270	1550		
1130	660	1300	1590		
1150	670	1320	1620		
1180	680	1360	1660		
1200	700	1380	1690		
1230	710	1420	1730		

续表

弯起高度	α=60°		α=45°	α=30°	
$h_α$	l	S	S	l	S
1250	730	1440	1760		
1280	740	1470	1800		
1300	750	1500	1830		
1330	770	1530	1870		
1380	800	1590	1940		
1430	830	1640	2000		

注：表中弯起高度为构件高度减两个保护层厚度；转弯增加长度 $= s-l$。

第八节　公路工程定额关于施工操作损耗和搭接长度数量计算的规定

“钢筋工程量为钢筋的设计重量，定额中已计入施工操作损耗”是指定额中已将各种规格的钢筋按出厂定尺长度的每根钢筋均按一个接头计算，主筋按闪光对焊，其他钢筋均按搭接计算，其对焊消耗、搭接长度的钢筋重量及其他操作损耗，按设计重量的2.5%的损耗量计入定额中，因此，一般钢筋因接长所需增加的钢筋重量已包括在定额中，钢筋设计重量也不应包括这部分搭接钢筋的重量。

"施工中钢筋因接长所需的搭接长度的数量，定额中不应计入，应在钢筋的设计重量内计算"是指某些工程（如高桥墩），其主筋不可能按钢筋出厂定尺长度全部采用闪光对焊接长到结构所需要的长度（高度），必须在施工过程中根据施工分段搭接接长时，其搭接长度的钢筋重量未包括在定额中，应计入钢筋设计重量内。这是由于这部分钢筋重量受设计要求、工程部位、施工条件的影响较大，在定额中难以用占钢筋设计重量的百分率或其他方式予以计量，因此根据设计要求、工程部位和施工条件将设计图纸中的那些不可能采用对焊接长而必须在施工过程中采用现场搭接接长的那部分钢筋重量，逐项统计出来计入钢筋重量中，而不应笼统地按钢筋重量的百分率来加大钢筋设计重量。

第九节　预应力锚索

一、预应力锚索工程内容：

（1）钢绞线除锈、穿架线环、涂油、穿防护管、绑扎成束；

（2）锚索人孔、就位、固定；

（3）安装锚具、张拉、封锚。

二、其材料消耗见第五章第四节。

第三章　常规工程量计算公式汇总

第一节　大型土石方工程工程量横截面计算法

横截面计算方法适用于地形起伏变化较大或形状狭长地带，其方法是：

首先，根据地形图及总平面图，将要计算的场地划分成若干个横截面，相邻两个横截面距离视地形变化而定。在起伏变化大的地段，布置密一些（即距离短一些），反之则可适当长一些。如线路横断面在平坦地区，可取 50m 一个，山坡地区可取 20m 一个，遇到变化大的地段再加测断面，然后，实测每个横截面特征点的标高，量出各点之间距离（如果测区已有比较精确的大比例尺地形图，也可在图上设置横截面，用比例尺直接量取距离，按等高线求算高程，方法简捷，就其精度来说，没有实测的高），按比例尺把每个横截面绘制到厘米方格纸上，并套上相应的设计断面，则自然地面和设计地面两轮廓线之间的部分，即是需要计算的施工部分。

具体计算步骤如表 3-1。常用横截面面积计算公式见表 3-2。

计算步骤表　　　　表 3-1

划分横截面	根据地形图(或直接测量)及竖向布置图，将要计算的场地划分横截面，$A-A'$，$B-B'$，$C-C'$……划分原则为垂直等高线，或垂直主要建筑物边长，横截面之间的间距可不等，地形变化复杂的间距宜小一些，反之宜大一些，但最大不宜大于 100m
划截面图形	按比例划制每个横截面的自然地面和设计地面的轮廓线。设计地面轮廓线之间的部分，即为填方和挖方的截面
计算横截面面积	按表 3-2 的面积计算公式，计算每个截面的填方或挖方截面面积
计算土方量	根据截面面积计算土方量 $$V=\frac{1}{2}(F_1+F_2)L \qquad (3\text{-}1)$$ 式中　V——表示相邻两截面间的土方量，m^3； F_1、F_2——表示相邻两截面的挖(填)方截面面积，m^2； L——表示相邻截面间的间距，m

常用横截面面积计算公式　　表 3-2

图　示	面积计算公式
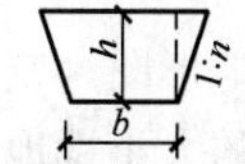	$F=h(b+nh)$
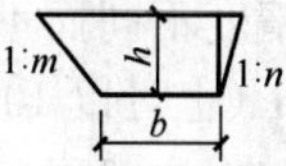	$F=h\left[b+\dfrac{h(m+n)}{2}\right]$
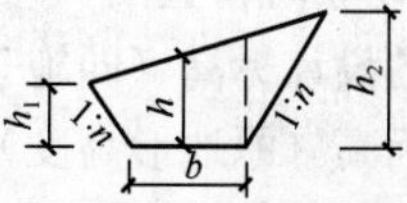	$F=b\dfrac{h_1+h_2}{2}+nh_1h_2$
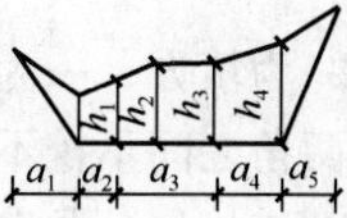	$F=h_1\dfrac{a_1+a_2}{2}+h_2\dfrac{a_2+a_3}{2}+h_3\dfrac{a_3+a_4}{2}+h_4\dfrac{a_4+a_5}{2}$
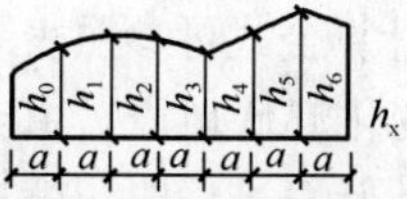	$F=\dfrac{1}{2}a(h_0+2h+h_n)$ $h=h_1+h_2+h_3+\cdots+h_n$

第二节　大型土石方工程工程量方格网计算法

一、根据需要平整区域的地形图（或直接测量地形）划分方格网。方格的大小视地形变化的复杂程度及计算要求的精度不同而不同，一般方格的大小为 20m×20m（也可以 10m×10m）。然后按设计（总图或竖向布置图），在方格网上套划出方格角点的设计标高（即施工后需达到的高度）和自然标高（原地形高度）。设计标高与自然标高之差即为施工高度，“－”表示挖方，“＋”表示填方。

二、当方格内相邻两角一为填方、一为挖方时，则应比例分配计算出两角之间不挖不填的“零”点位置，并标于方格边上。再将各“零”点用直线连起来，就可将建筑场地划分为填、挖方区。

三、土石方工程量的计算公式可参照表 3-3 进行。如遇陡坡等突然变化起伏地段，由于高低悬殊，采用本方法也难计算准确时，就视具体情况另行补充计算。

四、将挖方区、填方区所有方格计算出的工程量列表汇总，即得该建筑场地的土石方挖、填方工程总量。

方格网点常用计算公式　　表 3-3

图　示	计 算 方 式
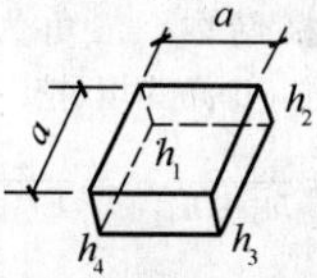 a, h_1, h_2, h_3, h_4	方格内四角全为挖方或填方 $V=\frac{a^2}{4}(h_1+h_2+h_3+h_4)$
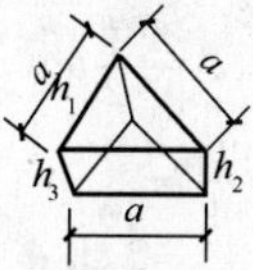 a, h_1, h_2, h_3	三角锥体，当三角锥体全为挖方或填方 $F=\frac{a^2}{2}$ $V=\frac{a^2}{6}(h_1+h_2+h_3)$
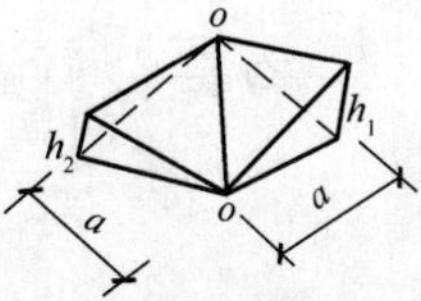 o, h_1, h_2, a	方格网内，一对角线为零线，另两角点一为挖方，一为填方 $F_{挖}=F_{填}=\frac{a^2}{2}$ $V_{挖}=\frac{a^2}{6}h_1$ $V_{填}=\frac{a^2}{6}h_2$

续表

图　示	计算方式
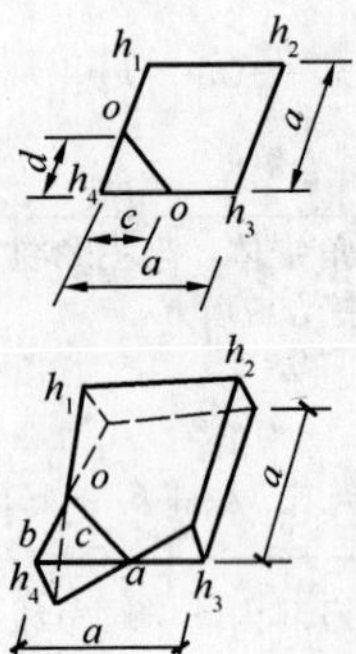	方格网内，三角为挖(填)方，一角为填(挖)方 $b=\frac{ah_4}{h_1+h_4}$；$c=\frac{ah_4}{h_3+h_4}$ $F_{填}=\frac{1}{2}bc$； $F_{挖}=a^2-\frac{1}{2}bc$ $V_{填}=\frac{h_4}{6}bc$ $=\frac{a^2h_4^3}{6(h_1+h_4)(h_3+h_4)}$ $V_{挖}=\frac{a^3}{6}-(2h_1+h_2$ $+2h_3-h_4)+V_{填}$

续表

图　示	计算方式
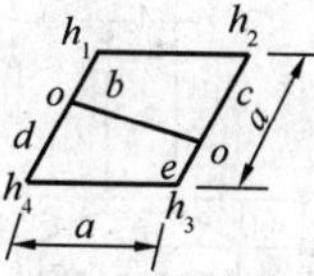 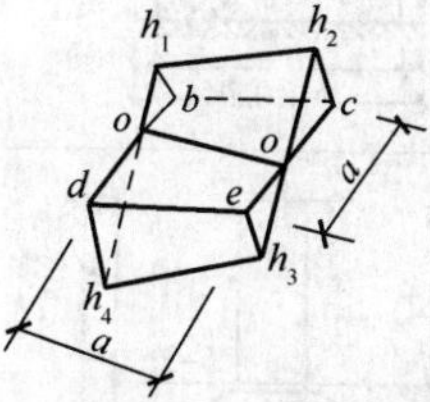	方格网内，两角为挖，两角为填 $b=\frac{ah_1}{h_1+h_4}$； $c=\frac{ah_2}{h_2+h_3}$ $d=a-b$；$c=a-c$ $F_{挖}=\frac{1}{2}(b+c)a$； $F_{填}=\frac{1}{2}(d+e)a$ $F_{挖}=\frac{a}{4}(h_1+h_2)\frac{b+c}{2}$ $=\frac{a}{8}(b+c)\cdot(h_1+h_2)$ $V_{填}=\frac{a}{4}(h_3+h_4)\frac{b+e}{2}$ $=\frac{a}{8}(d+e)\cdot(h_3+h_4)$

第三节　挖沟槽土石方工程量计算

外墙沟槽：$V_{挖}=S_{断}L_{外中}$

内墙沟槽：$V_{挖}=S_{断}L_{基底净长}$

管道沟槽：$V_{挖}=S_{断}L_{中}$

其中沟槽断面有如表 3-4 几种形式：

沟槽断面形式表 **表 3-4**

情况	计算公式	示意图
钢筋混凝土基础有垫层时	两面放坡 $S_{断}=[(b+2\times 0.3)+mh]h+(b'+2\times 0.1)h'$ (3-2)	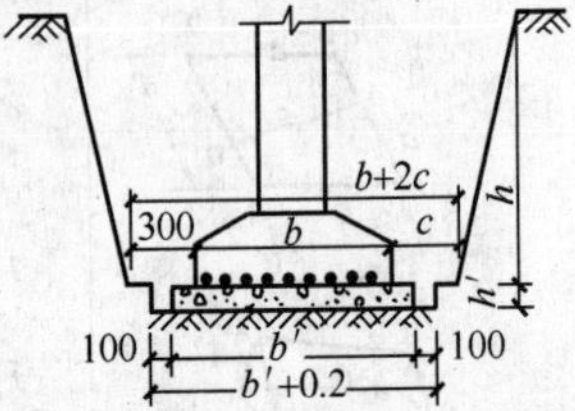
	不放坡无挡土板 $S_{断}=(b+2\times 0.3)h+(b'+2\times 0.1)h'$ (3-3)	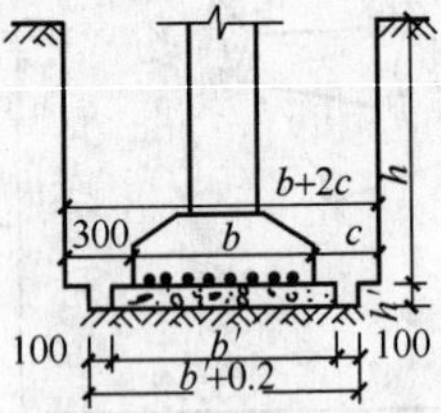
	不放坡加两面挡土板 $S_{断}=(b+2\times 0.3+2\times 0.1)h+(b'+2\times 0.1)h'$ (3-4)	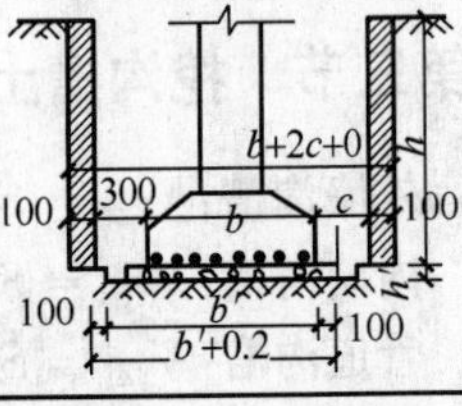

续表

情况	计算公式	示意图
钢筋混凝土基础有垫层时	一面放坡一面挡土板 $S_{断}=(b+2\times0.3+0.1+0.5mh)h+(b'+2\times0.1)h'$ (3-5)	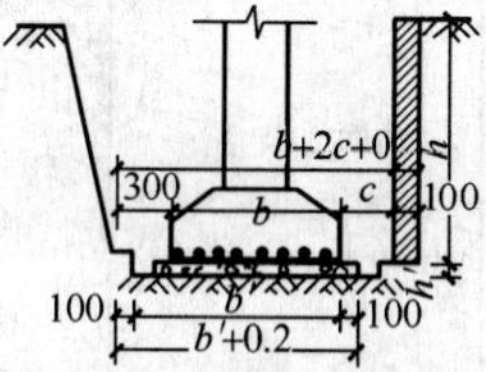
基础有其他垫层时	两面放坡 $S_{断}=[(b'+mh)h+b'h']$ (3-6)	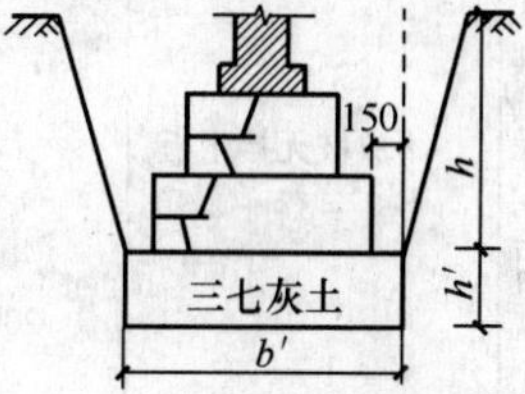
	不放坡无挡土板 $S_{断}=b'(h+h')$ (3-7)	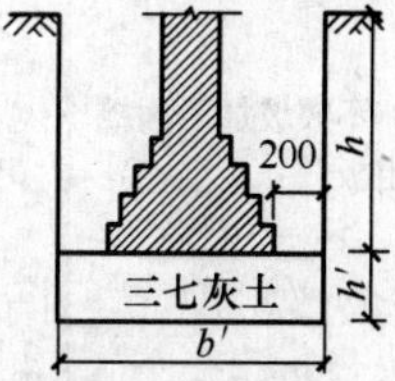

续表

情况	计算公式	示意图
基础无垫层时	两面放坡 $S_{断}=[(b+2c)+mh]h$ (3-8)	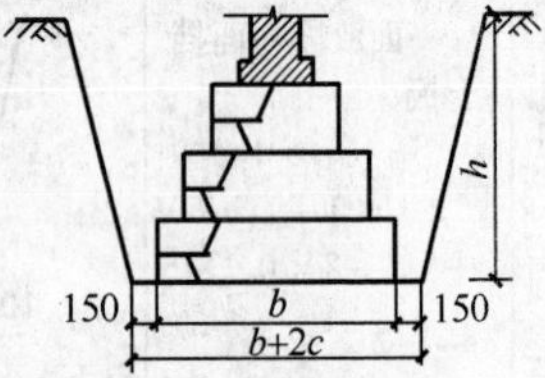 150 b 150 $b+2c$ h
	不放坡无挡土板 $S_{断}=(b+2c)h$ (3-9)	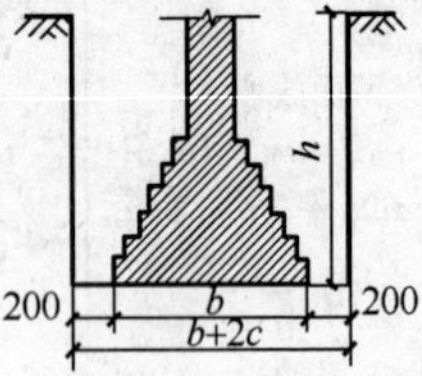 200 b 200 $b+2c$ h
	不放坡加两面挡土板 $S_{断}=(b+2c+2\times0.1)h$ (3-10)	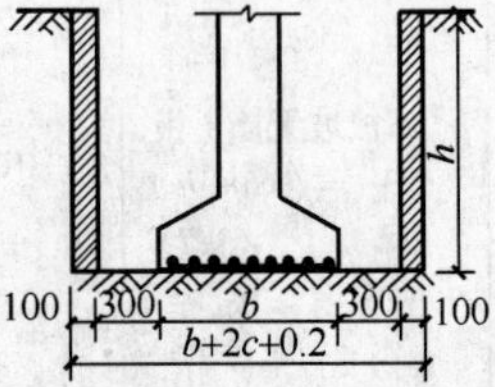 100 300 b 300 100 $b+2c+0.2$ h

续表

情况	计算公式	示意图
基础无垫层时	一面放坡一面挡土板 $S_{断}=(b+2c+0.1+0.5mh)h$ (3-11)	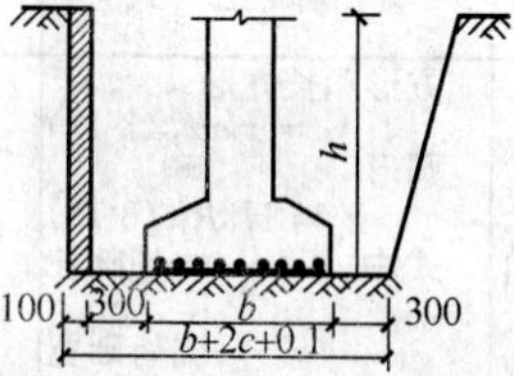 100 300 b 300 $b+2c+0.1$ h

表内式中 $S_{断}$——沟槽断面面积；

m——放坡系数；

c——工作面宽度；

h——从室外设计地面至基础底深度，即垫层上基槽开挖深度；

h'——基础垫层高度；

b——基础底面宽度；

b'——垫层宽度。

第四节　挖地坑土石方工程量计算

地坑土石方计算形式表　　　表 3-5

项目	计算公式	图示
不放坡和不带挡土板	方形和长方形 $V = Hab$　(3-12) 圆形 $V = H\pi R_1^2$　(3-13) 式中　a——坑基础长度，m； b——坑基础宽度，m； π——圆周率，3.1416； R_1——坑底半径，m	略
放坡的地坑	正方形或长方形地抗(见右图) $V = H(a+2c)(b+2c) + kH^2\left[(a+2c) + (b+2c) + \frac{4}{3}kH\right]$　(3-14) 或简化公式 $V = (a+2c+kH)(b+2c+kH)H + \frac{1}{3}k^2H^3$ 式中 $\frac{1}{3}k^2H^3$ 的体积可从表 3-6 中查得	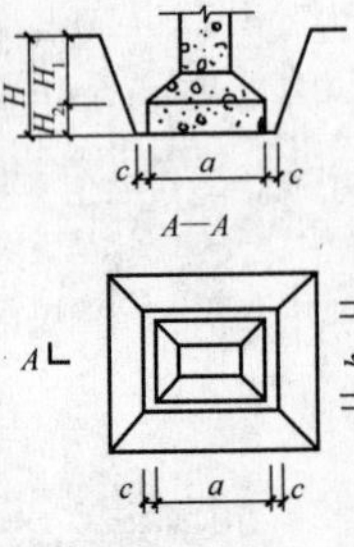

地坑放坡时四角的角锥体体积（单位：m³）

表 3-6

坑深/m	放坡系数（k）							
	1.10	0.26	0.30	0.33	0.50	0.67	0.75	1.00
1.20	0.01	0.04	0.05	0.06	0.14	0.26	0.32	0.58
1.30	0.01	0.05	0.07	0.08	0.18	0.33	0.41	0.73
1.40	0.01	0.06	0.08	0.10	0.23	0.41	0.51	0.91
1.50	0.01	0.07	0.10	0.12	0.28	0.51	0.63	0.13
1.60	0.01	0.09	0.12	0.15	0.34	0.61	0.77	1.37
1.70	0.02	0.10	0.15	0.18	0.41	0.74	0.92	1.64
1.80	0.02	0.12	0.17	0.21	0.49	0.87	1.09	1.94
1.90	0.02	0.14	0.21	0.25	0.57	1.03	1.29	2.29
2.00	0.03	0.17	0.24	0.29	0.67	1.20	1.50	2.67
2.10	0.03	0.19	0.28	0.34	0.77	1.39	1.74	3.09
2.20	0.04	0.22	0.22	0.39	0.89	1.59	2.00	3.55
2.30	0.04	0.25	0.37	0.44	1.01	1.82	2.28	4.06
2.40	0.05	0.29	0.41	0.50	1.15	2.07	2.59	4.61
2.50	0.05	0.33	0.47	0.57	1.30	2.34	2.93	5.21
2.60	0.06	0.37	0.53	0.64	1.46	2.63	3.30	5.88
2.70	0.07	0.41	0.59	0.71	1.64	2.95	3.69	6.56
2.80	0.07	0.46	0.66	0.80	1.83	3.28	4.12	7.31
2.90	0.08	0.51	0.73	0.89	2.03	3.65	4.57	8.13
3.00	0.09	0.56	0.81	0.98	2.25	4.04	5.06	9.00
3.10	0.10	0.62	0.90	1.08	2.48	4.46	5.59	9.93
3.20	0.11	0.68	0.98	1.19	2.73	4.90	6.14	10.92

续表

坑深/m	放坡系数（k）							
	1.10	0.26	0.30	0.33	0.50	0.67	0.75	1.00
3.30	0.12	0.75	1.08	1.30	2.99	5.38	6.74	11.98
3.40	0.13	0.82	1.18	1.43	3.28	5.88	7.37	13.10
3.50	0.14	0.90	1.29	1.56	3.57	6.42	8.04	14.29
3.60	0.16	0.97	1.40	1.69	3.89	6.98	8.75	15.55
3.70	0.17	1.06	1.52	1.84	4.22	7.58	9.50	16.88
3.80	0.18	1.14	1.65	1.99	4.57	8.21	10.29	18.29
3.90	0.20	1.24	1.78	2.15	4.94	8.88	11.12	19.77
4.00	0.21	1.33	1.92	2.32	5.33	9.58	12.00	21.33
4.10	0.23	1.44	2.07	2.50	5.74	10.31	12.92	22.97
4.20	0.25	1.54	2.22	2.69	6.17	11.09	13.89	24.69
4.30	0.27	1.66	2.39	2.89	6.63	11.90	14.91	26.50
4.40	0.28	1.78	2.56	3.09	7.10	12.75	15.97	28.39
4.50	0.30	1.90	2.73	3.31	7.59	13.64	17.09	30.38
4.60	0.32	2.03	2.92	3.53	8.11	14.56	18.25	32.45
4.70	0.35	2.16	3.11	3.77	8.65	15.54	19.47	34.61
4.80	0.37	2.30	3.32	4.01	9.22	16.65	20.74	36.86
4.90	0.39	2.45	3.53	4.27	9.80	17.60	22.06	39.21
5.00	0.42	2.60	3.75	4.54	10.42	18.70	23.44	41.67

注：正方形或长方形地抗的挖土体积（需放坡者），凡采用简化公式 $V=(a+2c+kH)\times(b+2c+kH)H+\frac{1}{3}k^2H^3$ 计算时，其四角的角锥体体积可按上表查得：$\frac{1}{3}k^2H^3$ 值即为地坑四角的角锥体体积。

第五节　边坡土方工程量计算

为了保持土体的稳定和施工安全，挖方和填方的周边都应修筑成适当的边坡。边坡的表示方法如图 3-1（a）所示。图中的 m，为边坡底的宽度 b 与边坡高度 h 的比，称为放坡系数。当边坡高度 h 为已知时，所需边坡底宽度

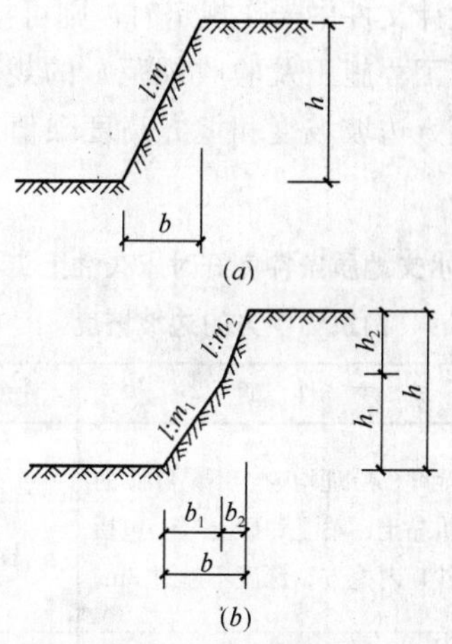

图 3-1　边坡表示方法

（a）边坡；（b）将边坡修筑成折线形

b 即等于 $mh(1:m=h:b)$。若边坡高度较大，可在满足土体稳定的条件下，根据不同的土层及其所受的压力，将边坡修筑成折线形，如图 3-1（b）所示，以减小土方工程量。

边坡的放坡系数（边坡宽度：边坡高度）根据不同的填挖高度（深度）、土的物理性质和工程的重要性，在设计文件中应有明确的规定。如设计文件中未作规定时，则可按照《土方和爆破工程施工及验收规范》的规定采用。常用的挖方边坡坡度和填方高度限值见表 3-7 和表 3-8。

水文地质条件良好时永久性土工构筑物挖方的边坡坡度　　表 3-7

挖方性质	边坡坡度
在天然湿度、层理均匀，不易膨胀的黏土、粉质黏土、粉土和砂土（不包括细砂、粉砂）内挖方、深度不超过 3m	（1：1）～（1：1.25）
土质同上，深度为 3～12m	（1：1.25）～（1：1.50）

续表

挖方性质	边坡坡度
干燥地区内土质结构未经破坏的干燥黄土及类黄土，深度不超过 12m	(1∶0.1)～(1∶1.25)
在碎石和泥灰岩土内的挖方，深度不超过 12m，根据土的性质、层理特性和挖方深度确定	(1∶0.5)～(1∶1.5)

填方边坡为 1∶1.5 时的高度限值　　表 3-8

土的种类	填方高度/m
黏土类土、黄土、类黄土	6
粉质黏土、泥灰岩土	6～7
粉土	6～8
中砂和粗砂	10
砾石和碎石土	10～12
易风化的岩石	12

第六节　公路工程材料平均运距计算

一、材料运输终点的确定

公路工程是线性建筑物，需要合理确定材

料的运输终点。通常，材料运输终点按如下原则确定：

1. 石方工程为各个集中石方地段的中心桩号。

2. 路面工程为各种类型路面地段的中心桩号。

3. 大中桥工程为桥址中心桩号、并增加场内搬运距离（应根据施工组织设计确定）；在计算运杂费时可多计一次装卸费。

4. 沿线房屋为房屋所在地相应路线桩号加横向距离。

5. 桥梁、涵洞及其他构造物的运料终点确定比较复杂，如分布较均匀，可取路线中点；若分布不均匀，可划分地段确定。

二、材料经济范围的确定

当公路工程沿线有若干个同种材料的料场，且其材料的价格相等时，则单纯从材料运输距离来看，两相邻料场间存在一个经济供应范围的分界点。其经济供应范围的分界点的确定原则是：其分界点距前、后两料场的路程相等，如图 3-2 所示，两料场材料经济供应分界

点 K 可按下式计算

$$L_i = [(S_j - S_i) + L]/2$$
$$L_j = [L - (S_j - S_i)]/2$$

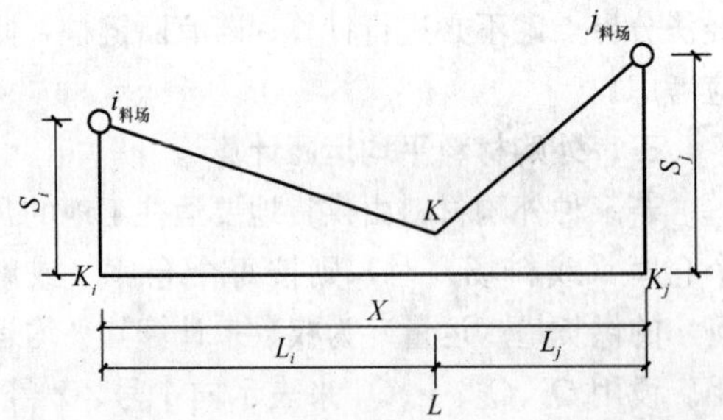

图 3-2 料场经济供应范围示意图

当 K_i 桩号＜K_j 桩号时，则有：

K 点桩号＝$K_i + L_i = K_j$ 桩号－L_j

式中 S_i——i 料场至公路间的距离；

S_j——j 料场至公路间的距离；

K_i——i 料场的上路桩号；

K_j——j 料场的上路桩号；

K——经济分界点桩号；

L_i——K_i 至 K 的距离；

L_j——K_j 至 K 的距离；

L——两料场上路点间的距离。

计算桩号时要注意，在路线起、终点至最近料场上路的经济范围内，其起、终点即为其经济分界点，不必进行计算；若有断链桩，则应考虑。

三、外购材料平均运距计算

若某种外购材料由供货地要运往工地的几个仓库（或料场）时，则按每个仓库（或料场）的供货量（运量）为权数来计算其平均运距。设用 Q_1、Q_2、…、Q_n 来表示向 1 号、2 号、…、n 号料场供货的运量，S_1、S_2、…、S_n 分别为供货地至 1 号、2 号、…、n 号料场（仓库）的运距，则平均运距的计算公式如下：

$$S_{平均}=\frac{\sum_{1}^{n}Q_iS_i}{\sum_{1}^{n}Q_i}$$

应注意的是，按前述计算公式计算平均运距，只是单纯从运费（运输距离）的角度来考虑的，也就是说某种材料的购置价格要几乎相等、运价率要几乎相等；若材料的购置价格不等或运价率不等，其供应范围的确定应以材料到达工地现场仓库（或料场）的全费用，即材料的预算价格（预算价格＝（材料原价＋运杂费）×（1＋场外运输损耗率）×（1＋采购及保管费率）－包装品回收价值）为最低来确定其供应范围。

四、小桥及其他构造物材料平均运距计算

1. 当分布均匀时

先确定各个料场所供应的地段范围，如果某料场至材料供应地段的加权运距 S_i 是按上式计算的，供应的构造物个数（大、中桥除外）是 n，则平均运距可用以下近似公式计算，其示意图同图 3-3。

$$S_{平均}=\frac{\sum_{1}^{n} n_i S_i}{\sum_{1}^{n} n_i}$$

2. 当分布不均匀时

先按每个料场的供应地段求出平均运距，然后再求出全线的平均运距，如图 3-4 所示。计算方法如下：

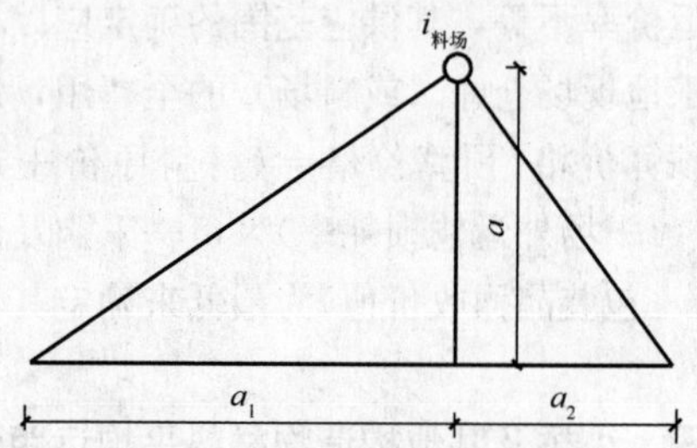

图 3-3　i料场供应示意图

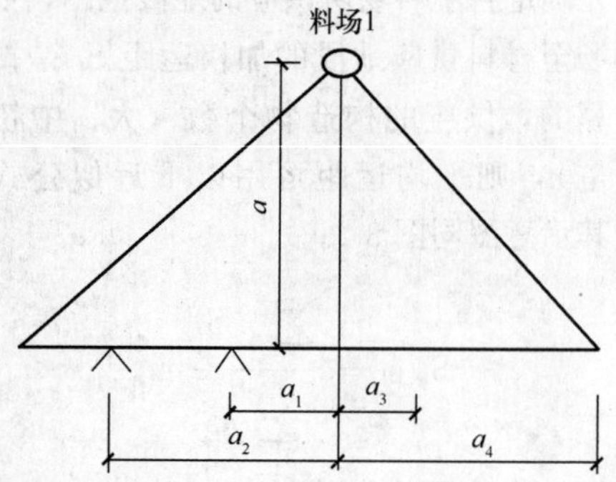

图 3-4　材料供应示意图

由图示有 $S_1 = a + a_1$；$S_2 = a + a_2$；$S_n = a + a_n$ 。

$$S_{平均1} = \frac{s_1 + s_2 + \cdots + s_n}{n_1} = \frac{\sum_1^{n_1} S_i}{n_1}$$

式中　n_1——该料场供应的构造物个数。

则全线平均运距为

$$S_{全线平均} = \frac{n_1 S_{平均1} + n_2 S_{平均2} + \cdots + n_n S_{平均n}}{n_1 + n_2 + \cdots + n_n}$$

$$= \frac{\sum_1^n n_i S_{平均i}}{\sum_1^n n_i}$$

若因小桥、涵洞及其他构造物的多少、孔径大小和结构类型的不同，材料用量差别很大时，可用适当的系数通过上式调整计算。系数可事先概略确定。如某料场供应的构造物个数为 n_1，但由于材料数量因构造物的不同差异较大时，便可以一种构造物为准，概略计算其他构造物材料数量约占该种构造物的多少倍(如 2 倍、3.5 倍等)，其倍数即是系数。这样，原构造物个数 n_1 便可调整为个数 n'_1，平均运距即可用 n'_1 个构造物来计算。

五、路面工程材料的平均运距计算

路面设计将路面结构类型确定之后，即可根据路面材料的用量确定各个料场材料经济供应的界限，再用材料用量与铺筑路面的厚度、宽度、长度相乘的乘积成比例的关系计算每种材料的平均运距。

如用 h_i 表示路面厚度，b_i 表示宽度，l_i 为长度，则如图 3-3 所示的第 i 料场的加权平均运距 S_i 为：

$$S_i = a + \frac{a_1^2 + a_2^2}{2(a_1 + a_2)}$$

则全线路面材料的平均运距：

$$S_{平均} = \frac{h_1 b_1 l_1 s_1 + h_2 b_2 l_2 s_2 + \cdots + h_n b_n l_n s_n}{h_1 b_1 l_1 + h_2 b_2 l_2 + \cdots + h_n b_n l_n}$$

当路面宽度不变时，上式可以简化为：

$$S_{平均} = \frac{\sum_{1}^{n} h_i l_i s_i}{\sum_{1}^{n} h_i l_i}$$

由于弯道路面加宽的材料用量与总量相比占的比重很小，对计算平均运距的影响可不予考虑。

第四章 常用面积、体积计算公式

第一节 三角形平面图形面积计算公式

三角形平面图形面积计算公式见表4-1。

三角形平面图形面积计算表　　表 4-1

图形		尺寸符号	面积(A)、表面积(S)	重心(G)
三角形	(图：三角形 ABC，D、G、h、a、b、c、α)	h——高 l——1/2周长 a、b、c——对应角 A、B、C 的边长	$A=\frac{bh}{2}=\frac{1}{2}ab\sin\alpha$	$GD=\frac{1}{3}BD$ $CD=DA$

续表

图形		尺寸符号	面积(A)、表面积(S)	重心(G)
直角三角形		a、b——两直角边长 c——斜边长	$AB=\frac{ab}{2}$ $c=\sqrt{a^2+b^2}$ $a=\sqrt{c^2-b^2}$ $b=\sqrt{c^2-a^2}$	$GD=\frac{1}{3}BD$ $CD=DA$
锐角三角形		h——高	$A=\frac{bh}{2}$ $=\frac{b}{2}\sqrt{a^2-\left(\frac{a^2+b^2-c^2}{2b}\right)^2}$ 设 $s=\frac{1}{2}(a+b+c)$ 则 $A=\sqrt{s(s-a)(s-b)(s-c)}$	$GD=\frac{1}{3}BD$ $AD=DC$

续表

图	形	尺寸符号	面积(A)、表面积(S)	重心(G)
钝角三角形	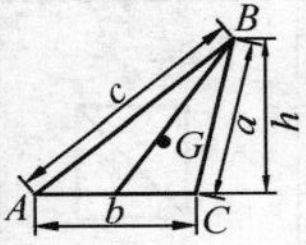	h——高 a、b、c——边长	$A=\frac{bh}{2}$ $=\frac{b}{2}\sqrt{a^2-\left(\frac{a^2+b^2-c^2}{2b}\right)^2}$ 设 $s=\frac{1}{2}(a+b+c)$ 则 $A=\sqrt{s(s-a)(s-b)(s-c)}$	$GD=\frac{1}{3}BD$ $AD=DC$
等边三角形	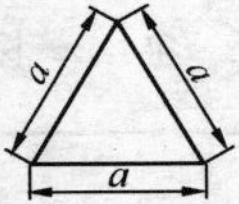	a——边长	$A=\frac{\sqrt{3}}{4}a^2=0.433a^2$	三角平分线的交点
等腰三角形	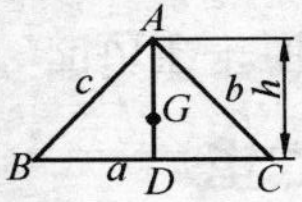	b——两腰 a——底边 h——a 边上高	$A=\frac{1}{2}ah$	$GD=\frac{1}{3}h$ $(BD=DC)$

第二节　四边形平面图形面积计算公式

四边形平面图形面积计算公式见表 4-2。

四边形平面图形面积计算表　　**表 4-2**

图　形		尺寸符号	面积(A)、表面积(S)	重心(G)
正方形	d a b	a——边长 d——对角线	$A=a^2$ $a=\sqrt{A}=0.707d$ $d=1.414a=1.414\sqrt{A}$	在对角线交点上
长方行	d a b	a——短边 b——长边 d——对角线	$A=ab$ $d=\sqrt{a^2+b^2}$	在对角线交点上

续表

	图　　形	尺寸符号	面积(A)、 表面积(S)	重心(G)
平行四边行	B, C, A, D, G, α, β, a, b	a、b——邻边 h——对边间的距离	$a=bh=ab\sin\alpha$ $=\dfrac{\overline{AC}\cdot\overline{BD}}{2}\sin\beta$	在对角线交点上
梯形	D, H, C, E, h, G, F, A, K, B	$CE=AB$ $AF=CD$ $a=CD$(上底边) $b=AB$(下底边) h——高	$A=\dfrac{a+b}{2}h$	$HG=\dfrac{h}{3}\cdot\dfrac{a+2b}{a+b}$ $KG=\dfrac{h}{3}\cdot\dfrac{2a+b}{a+b}$

续表

图　　形	尺寸符号	面积(A)、表面积(S)	重心(G)
任意四边行	a、b、c、d——四边长 d_1、d_2——两对角线长 φ——两对角线夹角	$A=\frac{1}{2}d_1d_2\sin\varphi=\frac{1}{2}d_2(h_1+h_2)$ $=\sqrt{(p-a)(p-b)(p-c)(p-d)-abcd\cos\varphi}$ $p=\frac{1}{2}(a+b+c+d)$ $\varphi=\frac{1}{2}(\angle A+\angle C)$ 或 $=\frac{1}{2}(\angle B+\angle C)$	

第三节　内接多边形平面面积计算公式

内接多边形平面面积计算公式见表 4-3。

内接多边形平面面积计算表　　**表 4-3**

图形		公式	重心
正五边形		$A=2.3777R^2=3.6327r^2$ $a=1.1756R$	内接圆圆心
正六边形		$A=\dfrac{3\sqrt{3a^2}}{2}=2.5981a^2$ $=2.5981R^2=2\sqrt{3}r^2=3.4641r^2$ $R=a=1.155r$ $r=0.866a=0.866R$	内接圆圆心

续表

	图形	公式	重心
正七边形		$A=2.7365R^2=3.3714r^2$	内接圆圆心
正八边形		$A=4.828a^2=2.828R^2=3.314r^2$ $R=1.307a=1.082r$ $r=1.207a=0.924R$ $a=0.765R=0.828r$	内接圆圆心
正多边形		$\alpha=360^\circ/n$, $\beta=180^\circ-\alpha$ $a=2\sqrt{R^2-r^2}$ $A=\frac{nar}{2}=\frac{na}{2}\sqrt{R^2-\frac{a^2}{4}}$ $R=\sqrt{r^2+\frac{a^2}{4}}$, $r=\sqrt{R^2-\frac{a^2}{4}}$	内接圆圆心

第四节　圆形、椭圆形平面面积计算公式

圆形、椭圆形平面面积计算公式见表 4-4。

圆形、椭圆形平面面积计算表　　**表 4-4**

图形		尺寸符号	面积(A)、表面积(S)	重心(G)
圆形	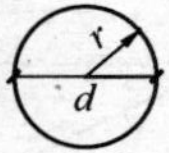	r——半径 d——直径 p——圆周长	$A=\pi r^2=\frac{1}{4}\pi d^2$ $=0.785d^2=0.07958p^2$ $p=\pi d$	在圆心上
椭圆形	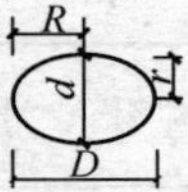	d——短轴 D——长轴 r——短半轴 R——长半轴	$A=\pi Rr=\frac{\pi}{4}Dd$	在主轴交点 G 上

续表

图形		尺寸符号	面积(A)、表面积(S)	重心(G)
扇形		r——半径 l——弧长 θ——弧的对应中心角	$A=\frac{1}{2}rl=\frac{\theta}{360}\pi r^2$ $l=\frac{\theta\pi}{180}r$	
弓形		L——弧长 r——半径 θ——圆心角 c——弧长 h——高	$A=\frac{1}{2}[r(L-c)+Ch]$ $A=\frac{\pi r^2\theta}{360°}-\frac{1}{2}c(r-h)$ 式中 $r=\frac{c^2+4h^2}{8h}$ $h=r-\frac{1}{2}\sqrt{4r^2-c^2}$ $c-2\sqrt{h(2r-h)}$ $L\approx\sqrt{c^2+\frac{16}{3}h^2}$	

续表

图　形		尺寸符号	面积(A)、 表面积(S)	重心(G)
圆环		R——外半径 r——内半径 D——外直径 d——内直径 t——环宽 D_{pj}——平均直径	$A=\pi(R^2-r^2)$ $=\frac{\pi}{4}(D^2-d^2)$ $=\pi D_{pj}t$	在圆心 O
部分圆环		R——外半径 r——内半径 D——外直径 d——内直径 t——环宽 R_{pj}——圆环平均直径	$A=\frac{\alpha\pi}{360}(D^2-r^2)$ $=\frac{\alpha\pi}{360}R_{pj}t$	

续表

图形		尺寸符号	面积(A)、表面积(S)	重心(G)
抛物线形	A b B c h	b——底边 h——高 l——曲线长 s——抛物线形 ABC 的面积	$l=\sqrt{b+1.3333h^2}$ $A=\frac{2}{3}bh=\frac{4}{3}s$	

第五节 多面体体积和表面积计算公式

多面体体积和表面积计算公式见表 4-5。

多面体体积和表面积计算表 **表 4-5**

	图　形	尺寸符号	体积(V)、底面积(F) 表面积(S)、 侧表面积(S_1)	重心 (G)
立方体		a——棱 d——对角线	$V=a^3$ $S=6a^2$ $S_1=4a^2$	在对角线交点上
长方体		a、b、h——边长 O——底面对角线交点	$V=a\cdot b\cdot h$ $S=2(ab+ah+bh)$ $S_1=2h(a+b)$ $d=\sqrt{a^2+b^2+h^2}$	$GO=\dfrac{h}{2}$

续表

	图　形	尺寸符号	体积(V)、底面积(F) 表面积(S)、 侧表面积(S_1)	重心 (G)
三棱体	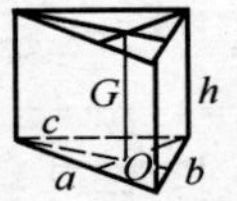	a、b、c——边长 h——高 O——底面对角线交点	$V = F \cdot h$ $S = (a+b+c) \cdot h + 2F$ $S_1 = 2h(a+b+c)$	$GO = \frac{h}{2}$
棱锥	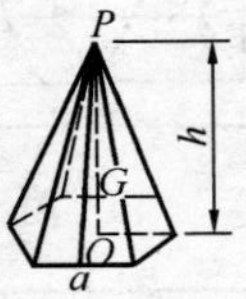	f——一个组合三角形的面积 n——组合三角形个数 O——锥体各对角线交点	$V = \frac{1}{3} F \cdot h$ $S = nf + F$ $S_1 = nf$	$GO = \frac{h}{4}$

续表

	图　形	尺寸符号	体积(V)、底面积(F) 表面积(S)、 侧表面积(S_1)	重心 (G)
正六角柱		a—— 底边长 h—— 高 d—— 对角线	$V=\frac{3\sqrt{3}}{2}a^2h=2.5981a^2h$ $S=3\sqrt{3}a^2+6ah$ $=5.1962a^2+6ah$ $S_1=6ah$ $d=\sqrt{h^2+4a^2}$	$GQ=\frac{h}{2}$ （P、Q 分别为上下底重心）
棱台		F_1、F_2—— 两平行底面的面积 h—— 上下面间的距离 a—— 一个组合梯形面积 n—— 组合梯形个数	$V=\frac{1}{3}h(F_1+F_2+\sqrt{F_1F_2})$ $S=an+F_1+F_2$ $S_1=an$	$GQ=\frac{h}{4}\times\frac{F_1+2\sqrt{F_1F_2}+3F_2}{F_1+\sqrt{F_1F_2}+\sqrt{F_2}}$

续表

	图　形	尺寸符号	体积(V)、底面积(F) 表面积(S)、 侧表面积(S_1)	重心 (G)
圆柱体		r——底面半径 h——高	$V=\pi r^2 h$ $S=2\pi r(r+h)$ $S_1=2\pi rh$	$GQ=\frac{h}{2}$ (P、Q分别为上下底重心)
空心圆柱体		R——外半径 r——内半径 $\overline{R}$——平均半径 t——管壁厚度 h——高	$V=\pi h(R^2-r^2)=2\pi\overline{R}th$ $S=M+2\pi(R^2-r^2)$ $S_1=2\pi h(R+r)=4\pi h\overline{R}$	$GQ=\frac{h}{2}$

续表

	图 形	尺寸符号	体积(V)、底面积(F)表面积(S)、侧表面积(S_1)	重心(G)
斜截直圆柱	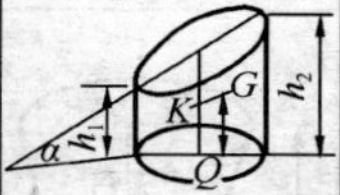	h_1——最小高度 h_2——最大高度 r——底面半径	$V=\pi r^2\frac{h_1+h_2}{2}$ $S=\pi r(h_1+h_2)+\pi r^2\times\left(1+\frac{1}{\cos\alpha}\right)$ $S_1=\pi r(h_1+h_2)$	$GQ=\frac{h_1+h_2}{4}+\frac{r^2\tan^2\alpha}{4(h_1+h_2)}$ $GK=\frac{r^2\tan\alpha}{2(h_1+h_2)}$
圆锥体	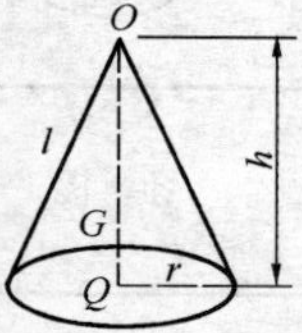	r——底面半径 h——高 l——母线长	$V=\frac{1}{3}\pi r^2h$ $S_1=\pi r\sqrt{r^2+h^2}=\pi rl$ $l=\sqrt{r^2+h^2}$ $S=S_1+\pi r^2$	$GO=\frac{h}{4}$

续表

图　形		尺寸符号	体积(V)、底面积(F) 表面积(S)、 侧表面积(S_1)	重心 (G)
圆台		R、r——底面半径 h——高 l——母线长	$V=\frac{\pi h}{3}(R^2+r^2+Rr)$ $S_1=\pi l(R+r)$ $l=\sqrt{(R-r)^2+h^2}$ $S=S_1+\pi(R^2+r^2)$	$GQ=\frac{h(R^2+2Rr+3r^2)}{4(R^2+Rr+r^2)}$ （P、Q分别为上下底圆心）
球		r——半径 d——直径	$V=\frac{4}{3}\pi r^3=\frac{\pi d^3}{6}=0.5236d^3$ $S=4\pi r^2=\pi d^2$	在球心上

续表

图形		尺寸符号	体积(V)、底面积(F) 表面积(S)、 侧表面积(S_1)	重心 (G)
球扇形		r——球半径 a——弓形底圆半径 h——拱高 α——锥角(弧度)	$V=\frac{2}{3}\pi r^2 h$ $\approx 2.0944r^2 h$ $S=\pi r(2h+a)$ 侧表面(锥面部分)： $S_1=\pi ar$	$GO=\frac{3}{8}(2r-h)$
球冠		r——球半径 a——拱底圆半径 h——拱高	$V=\frac{\pi h}{6}(3a^2-h)$ $=\frac{\pi h^2}{3}(3r-h)$ $S=\pi(2rh+a^2)$ $=\pi(h^2+2a^2)$ 侧面积(球面部分)： $S_1=2\pi rh=\pi(a+h^2)$	$GO=\frac{3(2r-h)^2}{4(3r-h)}$

续表

	图形	尺寸符号	体积(V)、底面积(F)表面积(S)、侧表面积(S_1)	重心(G)
圆环体	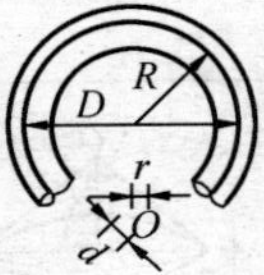	R——圆环体平均半径 D——圆环体平均直径 d——圆环体截面直径 r——圆环体截面半径	$V = 2\pi^2 Rr^2 = \frac{1}{4}\pi^2 Dd^2$ $S = 4\pi^2 Rr = \pi^2 Dd = 39.478Rr$	在环中心上
球带体	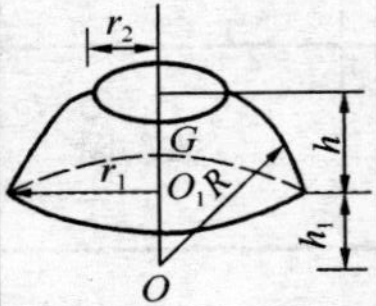	R——球半径 r_1、r_2——底面半径 h——腰高 h_1——球心 O 至带底圆心 O_1 的距离	$V = \frac{\pi h}{6}(3r_1^2 + 3r_2^2 + h^2)$ $S_1 = 2\pi Rh$ $S = 2\pi Rh + \pi(r_1^2 + r_2^2)$	$GO = h_1 + \frac{h}{2}$

续表

图　形		尺寸符号	体积(V)、底面积(F) 表面积(S)、 侧表面积(S_1)	重心 (G)
桶形		D—— 中间断面直径 d—— 底直径 l— 桶高	对于抛物线形桶板 $V=\frac{\pi l}{15}\left(2D^2+Dd+\frac{3}{4}d^2\right)$ 对于圆形桶板 $V=\frac{\pi l}{12}(2D^2+d^2)$	在轴交点上
椭球体		a、b、c—— 半轴	$V=\frac{4}{3}abc\pi$ $S=2\sqrt{2}\cdot b\cdot\sqrt{a^2+b^2}$	在轴交点上

续表

	图 形	尺寸符号	体积(V)、底面积(F) 表面积(S)、 侧表面积(S_1)	重心 (G)
交叉圆柱体	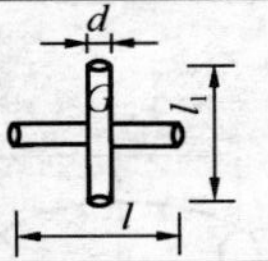	r—— 圆柱半径 $r=\frac{d}{2}$ l_1、l—— 圆柱长	$V=\pi r^2\left(l+l_1-\frac{2r}{3}\right)$	在两轴线交点上
截头方锥体	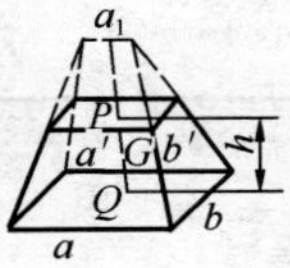	a'、b'、a、b—— 上下底边长 h—— 高 a_1—— 截头棱长	$V=\frac{h}{6}[ab+(a+a')(b+b')+a'b']$ $a_1=\frac{a'b-ab'}{b-b'}$	$GQ=\frac{PQ}{2}\times\frac{ab+ab'+a'b+3a'b'}{2ab+ab'+a'b+2a'b'}$ (P、Q 分别为上下底重心)

续表

图形		尺寸符号	体积(V)、底面积(F)表面积(S)、侧表面积(S_1)	重心(G)
弹簧	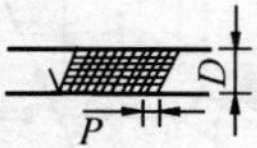	A—— 截面积 x—— 圈数	$V = Ax\sqrt{9.8695D^2 + P^2}$	
楔形体	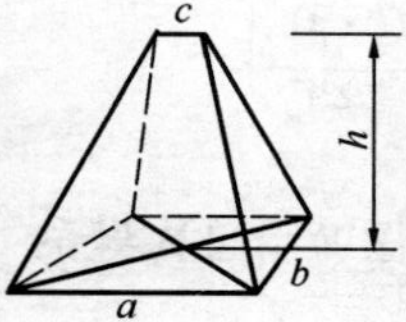	a、b—— 下底边长 c—— 棱长 h—— 棱与底边距离(高)	$V = \frac{(2a + c)bh}{6}$	

第六节　护拱体积计算

设桥墩护拱如图 4-1 所示，则：

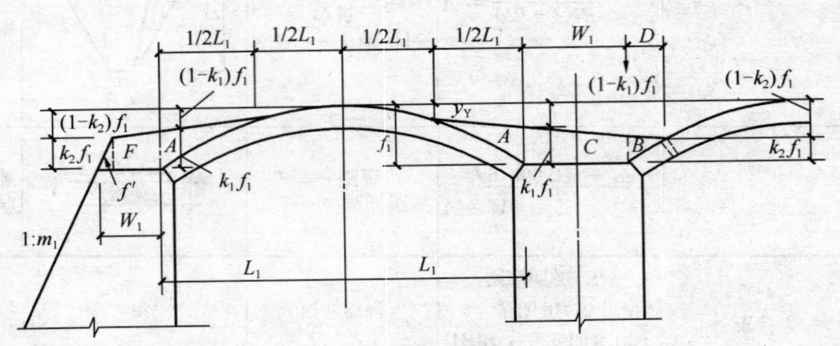

图 4-1　护拱示意图

一、拱上护拱体积

$$V_A = \frac{1}{4}\left[B-2C-\frac{2f_1m_1}{3}\left(2-K_1+\frac{y_v}{f_1}\right)\right]K_1f_1L_1$$

当 $D=\frac{1}{4}L_1$ 时：

$$V_B = \frac{1}{8}\left[B-2C-\frac{2f_1m_1}{3}(3-K_1-K_2)\right]K_1f_1L_1$$

当 $D=\frac{1}{6}L_1$ 时：

$$V_B \approx \frac{1}{12}\left[B-2C-\frac{2f_1m_1}{3}(2-K_1-K_2)\right]K_1f_1L_1$$

式中 B——拱圈全宽；

C——拱顶处侧墙宽度；

f_1——拱圈外弧的高度；

m_1——拱侧墙内边坡（高∶宽=1∶m_1）；

y_v——拱圈外弧在 $\frac{1}{2}L_1$ 处坐标；

L_1——拱圈外弧半跨长度；

K_1、K_2——棱长，见表 4-6 和表 4-7。

圆弧拱 K_1、K_2 数值表　　　表 4-6

		$\frac{1}{2}$	$\frac{1}{3}$	$\frac{1}{4}$	$\frac{1}{5}$	$\frac{1}{6}$
$\frac{L_1}{4}$	K_1	0.723	0.636	0.597	0.597	0.567
	K_2	0.651	0.546	0.500	0.480	0.465
$\frac{L_1}{6}$	K_1	0.631	0.512	0.470	0.453	0.440
	K_2	0.553	0.410	0.363	0.345	0.330
$\frac{y_v}{f_1}$		0.134	0.183	0.208	0.222	0.230

		$\frac{1}{7}$	$\frac{1}{8}$	$\frac{1}{9}$	$\frac{1}{10}$
$\frac{L_1}{4}$	K_1	0.560	0.556	0.551	0.549
	K_2	0.458	0.453	0.449	0.447
$\frac{L_1}{6}$	K_1	0.434	0.430	0.425	0.425
	K_2	0.323	0.319	0.315	0.315
$\frac{y_v}{f_1}$		0.235	0.238	0.244	0.247

悬链线拱 K_1、K_2 数值表　　表 4-7

D	系数 \ m	1	1.347	1.756	2.24	2.814	3.5
$\frac{L_1}{4}$	K_1	0.542	0.554	0.566	0.579	0.591	0.600
	K_2	0.438	0.451	0.464	0.478	0.492	0.506
$\frac{L_1}{6}$	K_1	0.417	0.428	0.439	0.451	0.462	0.474
	K_2	0.306	0.317	0.329	0.341	0.363	0.365
$\frac{y_v}{f_1}$		0.25	0.24	0.23	0.22	0.21	0.20

D	系数 \ m	4.324	5.321	6.536	8.031	9.889
$\frac{L_1}{4}$	K_1	0.617	0.629	0.643	0.656	0.670
	K_2	0.520	0.534	0.549	0.564	0.580
$\frac{L_1}{6}$	K_1	0.486	0.498	0.511	0.524	0.537
	K_2	0.378	0.390	0.405	0.418	0.438
$\frac{y_v}{f_1}$		0.19	0.18	0.17	0.16	0.15

二、墩顶护拱体积

$$V_c \approx [B-2C-f_1m_1(2-K_1)]K_1f_1W_1$$

式中　W_1 ——桥墩顶宽；

其余符号意义同前。

桥台台顶护拱体积

$$V_F=\frac{f_1}{2}[(2C-2f_1m_2)(K_1+K_3)+$$

$$f_1m_2(K_1^2+K_3^2)](W_2-K_3f_1m_3)$$

式中　$K_3=\frac{K_1L_1-K_0W_2}{L_1-K_0f_1m_3}$

K_0——计算系数，圆弧拱查表 4-8，悬链线拱查表 4-9，$K_0=2(1-K_1-\frac{y_v}{f_1})$；

m_2 ——桥台侧墙内边坡(高∶宽=1∶m_2)；

m_3 ——桥台背坡（高∶宽=1∶m_3）；

W_2 ——桥台顶宽。

其余符号意义同前。

$$V'_F=\frac{1}{2}\left[B-2C-\frac{2}{3}(3-K_3)f_1m_2\right]$$

$$K_3^2f_1^2m_3$$

式中符号意义同前。

K_0 系数表（圆弧拱） 表 4-8

D \ $f_1/2L_1$	$\frac{1}{2}$	$\frac{1}{3}$	$\frac{1}{4}$	$\frac{1}{5}$	$\frac{1}{6}$
$\frac{L_1}{4}$	0.286	0.362	0.390	0.398	0.406
$\frac{L_1}{6}$	0.470	0.610	0.644	0.650	0.660

D \ $f_1/2L_1$	$\frac{1}{7}$	$\frac{1}{8}$	$\frac{1}{9}$	$\frac{1}{10}$
$\frac{L_1}{4}$	0.410	0.412	0.410	0.408
$\frac{L_1}{6}$	0.662	0.664	0.662	0.656

K_0 数值表（悬链线拱） 表 4-9

D \ m	1.000	1.347	1.756	2.24	2.814	3.500
$\frac{L_1}{4}$	0.416	0.412	0.408	0.402	0.398	0.392
$\frac{L_1}{6}$	0.666	0.664	0.662	0.658	0.656	0.652

D \ m	4.324	5.321	6.536	8.031	9.889
$\frac{L_1}{4}$	0.386	0.382	0.374	0.368	0.360
$\frac{L_1}{6}$	0.648	0.644	0.638	0.632	0.626

第七节 八字翼墙体积计算

涵洞洞口八字翼墙如图 4-2 所示。

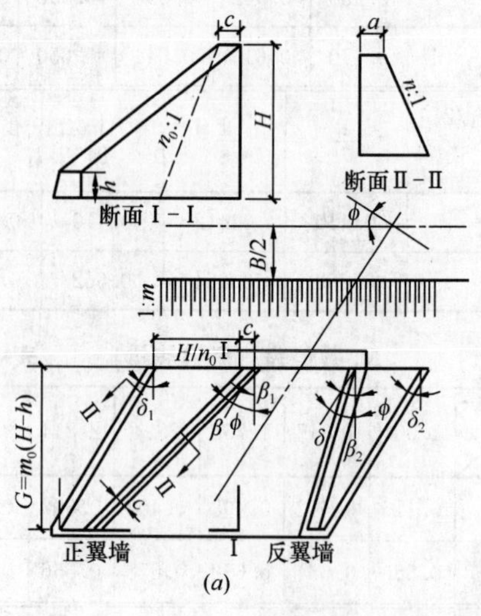

图 4-2 涵洞洞口八字翼墙（一）

（a）斜交斜做涵洞；

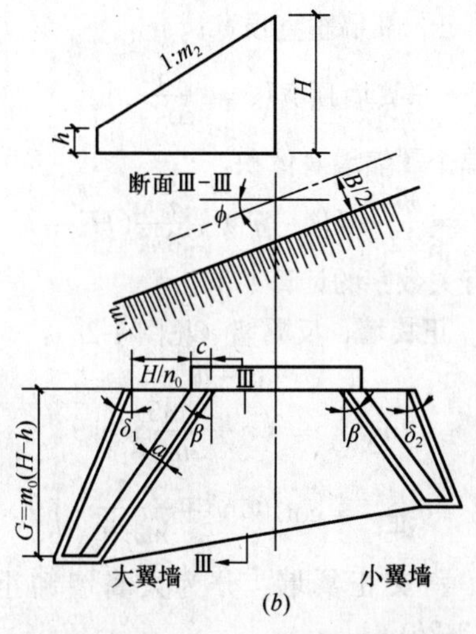

图 4-2 涵洞洞口八字翼墙（二）

(b) 斜交正做涵洞

一、单个翼墙墙身体积计算公式

参看图 4-2，图中：

$1:m$——路基边坡，m 为路基边坡率；

$1:m_0$——m_0 为翼墙长度系数；

$n:1$——翼墙正背坡；

$n_0:1$——翼墙背坡；

a——翼墙垂直顶宽；

c——翼墙顶宽$\left(c=\dfrac{a}{\cos\beta}\right)$。

单个翼墙墙身体积：

$$V=\frac{m_0 c}{2}(H^2-h^2)+\frac{m_0}{6n_0}(H^3-h^3)$$

式中有关数字的计算如下：

1. 正翼墙、反翼墙（见图 4-2a）：

$$m_0=n_0$$

$$n_{0(反)}^{(正)}=\left(n\pm\frac{\sin\beta}{m}\right)\cos\beta$$

$$\delta_{(正)}^{(反)}=\cot\left(\tan\beta\mp\frac{1}{mn_{0(反)}^{(正)}}\right)$$

2. 斜交正翼墙：分为大翼墙和小翼墙（见图 4-2b）：

$$m_{0(小)}^{(大)}=\frac{m\cos\beta}{\cos(\beta\pm\phi)}$$

$$n_{0(小)}^{(大)}=n\cos\beta+\frac{1}{m}\sin\beta\cos(\beta\pm\phi)$$

$$\delta_{(小)}^{(大)}=\cot\left[\tan\beta-\frac{\cos(\beta\pm\phi)}{mn_{0(小)}^{(大)}\cos\beta}\right]$$

二、单个翼墙墙身体积计算系数

单个翼墙墙身体积计算公式可改写为：

$$V=\psi(H^2-h^2)+\eta(H^3-h^3)$$

$$V=(\psi H^2+\eta H^3)-(\psi h^2+\eta h^3)$$
$$=V_H-V_h$$

式中 $V_H=\psi H^2+\eta H^3$；$V_h=\psi h^2+\eta h^3$；

$$\psi=\frac{1}{2}m_0c；\eta=\frac{m_0}{6n_0}；$$

ψ、n 数值见表 4-10 和表 4-11。

Ψ、n 数值表　　　　表 4-10

正翼墙				
m=1.5，n=4				
β	c/cm	n_0	Ψ	η
0°	40	4.00	0.300	0.0625
5°	40	4.04	0.300	0.0619
10°	41	4.05	0.308	0.0619
15°	41	4.03	0.308	0.0616
20°	43	3.97	0.323	0.0629
25°	44	3.88	0.330	0.0644
30°	46	3.75	0.345	0.0667
35°	49	3.59	0.368	0.0696
40°	52	3.39	0.390	0.0737
45°	57	3.16	0.428	0.0791
50°	62	2.90	0.465	0.0862
55°	70	2.61	0.525	0.0958
60°	80	2.29	0.600	0.1092

续表

反 翼 墙				
$m=1.5$，$n=4$				
β	c/cm	n_0	Ψ	η
0°	40	4.00	0.300	0.0625
−5°	40	3.93	0.300	0.0636
−10°	41	3.83	0.308	0.0653
−15°	41	3.70	0.308	0.0676
−20°	43	3.54	0.323	0.0706
−25°	44	3.37	0.330	0.0742
−30°	46	3.18	0.345	0.0786
−35°	49	2.96	0.368	0.0844
−40°	52	2.74	0.390	0.0912
−45°	57	2.50	0.428	0.1000
−50°	62	2.24	0.465	0.1116
−55°	70	1.98	0.525	0.1263
−60°	80	1.71	0.600	0.1462

表 4-11

ψ、n 数值表

Ψ	β	c/cm	斜交正翼墙 $m=1.5, n=4$							
			大翼墙				小翼墙			
			m_0	n_0	Ψ	η	m_0	n_0	Ψ	η
0°	30	46	1.50	3.75	0.345	0.0667	1.50	3.75	0.345	0.0667
10°	30°	46	1.70	3.72	0.391	0.0762	1.38	3.78	0.317	0.0609
15°	30°	46	1.84	3.70	0.423	0.0829	1.34	3.79	0.308	0.0589
20°	30°	46	2.02	3.68	0.465	0.0915	1.32	3.79	0.304	0.0581
30°	30°	46	2.60	3.63	0.598	0.1194	1.30	3.80	0.299	0.0570
40°	20°	43	2.82	3.87	0.606	0.1214	1.50	3.97	0.323	0.0630
45°	15°	41	2.90	3.95	0.595	0.1225	1.67	4.01	0.342	0.0694
50°	10°	41	2.95	4.00	0.605	0.1229	1.93	4.03	0.396	0.0798
60°	0°	40	3.00	4.00	0.690	0.1250	3.00	4.00	0.600	0.1250
70°	0°	40	4.39	4.00	0.878	0.1829	4.39	4.00	0.878	0.1829

第八节　圆弧拱侧墙体积计算

一、体积

如图 4-3 所示，侧墙体积为半跨一边的数量，整跨全拱的侧墙体积应乘以 4。

体积用下列公式进行计算：

$$V=\frac{1}{2}(a+b)f_1L_1-aA-\frac{c}{f_1}\left(rA-\frac{1}{3}L_1^3\right)$$

式中　L_1——拱圈外弧半跨长度；

f_1——拱圈外弧的高度；

r——拱圈外弧的半径；

A——半割圆 LMN 的面积；

a——侧墙顶宽（在拱弧顶处）；

$b=a+c=a+m_1f_1$。

$$V=K_1aL_1^2+K_2m_1L_1^3$$

式中　K_1、K_2——系数，见表 4-12。

K_1、K_2 系数表　　　　**表 4-12**

$\frac{f_1}{2L}$	$\frac{1}{2}$	$\frac{1}{3}$	$\frac{1}{4}$	$\frac{1}{5}$	$\frac{1}{6}$
K_1	0.2146	0.1828	0.1503	0.1261	0.1064
K_2	0.0479	0.0313	0.0212	0.0161	0.0107

续表

$\frac{f_1}{2L}$	$\frac{1}{7}$	$\frac{1}{8}$	$\frac{1}{9}$	$\frac{1}{10}$
K_1	0.0923	0.0814	0.0727	0.0659
K_2	0.0078	0.0062	0.0055	0.0046

如拱顶有厚度为 h 的垫层，则侧墙系自拱顶以上距离 h 处开始，则尚应加算直线部分体积（见图 4-3b），其值为：

$$V' = \left(a_0 + \frac{m_1 h}{2}\right) hL_1$$

当为整跨全拱时，应乘以 4。

二、侧墙勾缝面积

$$A = KL_1^2$$

式中　系数 K 见表 4-13；

其余符号意义同前。

上式为半跨一边的面积，整跨全拱应乘以 4。

如拱顶有厚度为 h 的垫层，则侧墙系自拱顶以上距离 h 处开始，则尚应加算直线部分面积 $A' = hL_1$；当为整跨全拱时，应乘以 4。

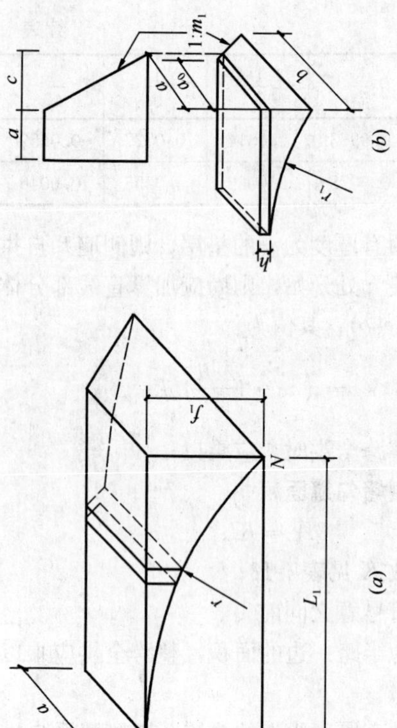

图 4-3 圆弧拱侧墙图示

系数 K 值表　　表 4-13

$f_1/2L_1$	$\frac{1}{2}$	$\frac{1}{3}$	$\frac{1}{4}$	$\frac{1}{5}$	$\frac{1}{6}$
K	0.2146	0.1828	0.1503	0.1261	0.1064

$f_1/2L_1$	$\frac{1}{7}$	$\frac{1}{8}$	$\frac{1}{9}$	$\frac{1}{10}$
K_1	0.0923	0.0814	0.0727	0.0659

第九节　悬链线拱侧墙体积计算

悬链线拱侧墙参见图 4-3。

一、体积

$$V=\frac{af_1L_1}{K(m-1)}(\sinh K-K)+\frac{f_1^2L_1m_1}{2K(m-1)^2}\left(\frac{1}{2}\sinh KchK-2\sinh K+\frac{3}{2}K\right)$$

式中　m——拱轴系数；

$$K=\ln(m+\sqrt{m^2-1});$$

其余符号意义同前。

计算的体积为半跨一边的数量，整跨全拱的侧墙体积应乘以 4；如拱顶有厚度为 h 的垫层，则侧墙系自拱顶以上距离 h 处开始，则应加算直线部分体积，其值为：

$$V' = \left(a_0 + \frac{m_1 h}{2}\right) h L_1$$

式中符号意义同前。

当为整跨全拱时，应乘以 4。

以上公式按等截面悬链线拱导出，亦可近似地用于变截面悬链线拱。计算时可利用表 4-14的数值。

二、侧墙勾缝面积

$$A = \frac{L_1 f_1}{(m-1)K}(\sinh K - K)$$

式中符号意义同前。

当为整跨全拱时，上式应乘以 4；如拱顶有厚度为 h 的垫层，则侧墙系自拱顶以上距离 h 处开始，尚应加算直线部分面积 $A' = hL_1$；当为整跨全拱时，应乘以 4。

悬链线拱侧墙体积计算辅助表　　表 4-14

y_v/f	m	K	$\sinh K$	$\sinh K \cdot \cosh K$
0.24	1.347	0.8107	0.9025	1.2157

续表

y_v/f	m	K	$\sinh K$	$\sinh K \cdot \cosh K$
0.23	1.756	1.1630	1.4435	2.5348
0.22	2.240	1.4456	2.0044	4.4899
0.21	2.814	1.6946	2.6321	7.4067
0.20	3.500	1.9246	3.3578	11.7523
0.19	4.324	2.1437	4.2134	18.2187
0.18	5.321	2.3559	5.2334	27.8469
0.17	6.536	2.5646	6.4691	42.2820
0.16	8.031	2.7726	7.9798	64.0858
0.15	9.889	2.9820	9.8454	97.3612

第十节　锥形护坡体积计算

锥形护坡如图 4-4 所示。

椭圆锥底边方程式：

$$b^2x^2 + a^2y^2 = a^2b^2$$

$$u = \sqrt{\frac{1+m^2}{m}}t = a_0 t$$

$$v = \sqrt{\frac{1+n^2}{n}}t = \beta_0 t$$

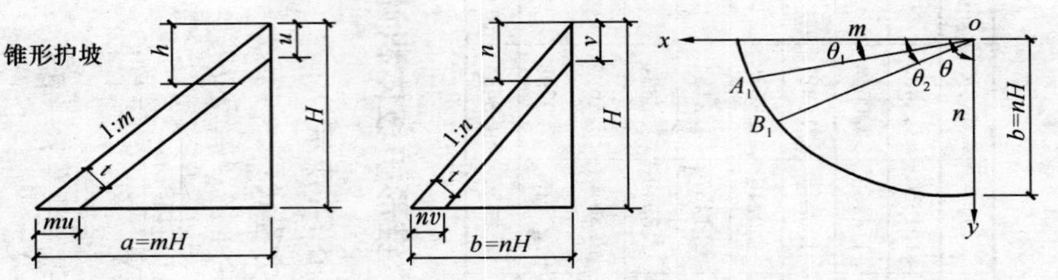

图 4-4　锥形护坡示意图

一、简化计算公式

1. 锥形护坡体积（$\theta = 90^\circ$ 时）

外锥体积

$$V_1 = \frac{\pi}{12} mnH^3 = K_v H^3$$

内锥体积

$$V_2 = \frac{\pi}{12} mnH_0^3 = K_v H_0^3$$

锥形片石护坡体积

$$V = V_1 - V_2 = K_v (H^3 - H_0^3)$$

式中 $K_v = \frac{\pi}{12} mn$；

H_0——内锥平均高度（$H_0 = H - \sqrt{\alpha_0 \beta_0 t}$）。$\alpha_0 = \sqrt{\frac{1+m^2}{m}}$；$\beta_0 = \sqrt{\frac{1+n^2}{n}}$。

2. 锥形护坡勾缝表面积（$\theta = 90^\circ$ 时）

$$A = K_A H^2$$

式中 $K_A = K_v (\alpha_0 + \sqrt{\alpha_0 \beta_0} + \beta_0)$

以上公式中计算参数可查表 4-15。若 m、n 值与表列数值不符，可用公式计算。

计算参数表　　　表 4-15

m	n	α_0	β_0	$\sqrt{\alpha_0\beta_0}$	K_v	K_A
1	1	1.414	1.414	1.414	0.262	1.110
1.5	1	1.202	1.414	1.304	0.393	1.541
1.5	1.25	1.202	1.280	1.240	0.491	1.828
1.75	1.25	1.152	1.280	1.214	0.573	2.089

二、积分计算公式

1. 锥形片石护坡体积

$$V = \beta(H - v)[(u + v)(+ v) - 2\mu v] + \frac{\alpha mn}{3}v^3$$

式中 $\alpha = \frac{1}{2}\arctan\frac{ab(\tan\theta_2 - \tan\theta_1)}{b^2 + a^2\tan\theta_1\tan\theta_2}$

$$\beta = \frac{mn}{4}\arctan\frac{mn(\tan\theta_2 - \tan\theta_1)}{n^2 + m^2\tan\theta_1\tan\theta_2}$$

或按下式计算：

$$V = \beta H[(u + v)H - 2uv] = K_1H^2 - K_2H$$

式中 $K_1 = \beta(u + v)$；

$K_2 = 2\beta uv$；

其余符号意义同前。

2. 锥形护坡勾缝表面积

$$A = rH^2$$

式中

$$r=\frac{mn}{2}\int_{\theta_1}^{\theta_2}\sqrt{\frac{m^2n^2+m^2-(m^2-n^2)\cos^2\theta}{m^2-(m^2-n^2)\cos^2\theta}}d\theta$$

其余符号意义同前。

以上公式中的计算参数可查表 4-16，若 θ、m、n 及 t 值与表列数值不符，可用公式计算。

锥坡体积计算参数表（$\theta=90°$ 时） **表 4-16**

m	n	t/cm	α	β	γ	K_1	K_2
1	1	25	0.7854	0.3927	1.1107	0.2777	0.0982
1.5	1	25	0.7854	0.5891	1.520	0.3853	0.1252
1.5	1.25	25	0.7854	0.7363	1.820	0.4570	0.1417
1.75	1.25	25	0.7854	0.8590	2.070	0.5224	0.1584

三、当片石护坡高度为 $H-h$ 时（即锥坡顶向下有 h 高度是草皮护坡者）

1. 片石护坡体积

$$V=V_H-V_h$$

2. 片石护坡表面积

$$A=A_H-A_h$$

式中 V_H、A_H——全部锥形护坡的体积及表面积；

V_h、A_h——草皮护坡的体积及表面积。

第五章　造价员常用数据汇总

第一节　基本定额材料规格与质量

1. 组合钢模板的单位质量按 34.5kg/m^2 计。

2. 组合钢模板所需的连接件（U 形卡、勾头螺栓、L 形插销、紧固螺栓）按 4.2kg/m^2 计。

3. 对拉螺栓配套使用的套管为硬塑料管，其长度同构件结构厚度。

4. 缆风用钢丝绳的规格见表 5-1。

缆风用钢丝绳规格表　　　表 5-1

直径/mm		钢丝总断面积/mm^2	单位质量/(kg/m)
钢丝绳	钢丝		
12.5	0.8	57	0.52

5. 缆风固定钢筋的规格为：ϕ22 圆钢：2.984kg/m，缆风用每根 0.8m 长，质量

2.4kg/根。

6. 扒钉的规格见表 5-2。

扒钉的规格表 **表 5-2**

方钢边长（圆钢直径）/mm	横长/cm	爪长＝1/3横长/cm	尖端长度＝3倍直径/cm	单位质量（kg/个）	
				方钢	圆钢
12	15	5	3.6	0.18	0.228

7. 螺栓的规格见表 5-3。

螺栓的规格表 **表 5-3**

杆径/mm	杆质量/(kg/m)	杆头、螺丝帽及铁垫单位质量/(kg/套)			
		杆头	螺丝帽	铁垫圈	合计
16	1.6	0.057	0.067	0.164	0.288

8. 支撑木橛的规格为：0.008m^3/个。

9. 木夹条板的厚度按 5.5cm 计。

10. 大块木模板用圆钉按 3kg/10m^2 模板面积计。

11. 组合钢模板压楞型钢用 $[_8$～$[_{10}$ 槽钢。

第二节　砂浆及混凝土材料消耗

一、说明

1. 本配合比，仅供编制预（结）算时确定预（结）算价格使用。各种材料的实际施工用量，应依据有关规范规定及试验部门提供的配合比用量配制。

2. 本配合比各种材料的配置损耗已包括在定额用量内。

3. 本配合比及定额有关子目中所列砂的用量，系按含水率为零的干净砂计算的，干净砂与自然砂的量差因素已考虑在干净砂的单价内。实际施工中的用料计划，应乘以各种膛在自然条件下的年平均体积膨胀系数。

4. 本配合比中所列石灰膏的用量，系按生石灰 700kg/m^3 淋化计算；粉化石系按生石灰 540kg/m^3 计算。

5. 各种混凝土的材料用量，均以干硬后的密体积计算；抹灰砂浆的材料用量，以实体积计算；砌筑砂浆、保温及垫层材料均已在定额内考虑了压实因素，使用时不得再增加虚实体积系数。

6. 本配合比未设置防水混凝土、抗渗混凝土。如实际需要，可依据设计要求在相应强度等级混凝土配合比的基础上换算。

二、砂浆配合比（表 5-4）

砂浆配合比表(单位:1m³ 砂浆及水泥浆)

表 5-4

顺序号	项目	单位	水泥砂浆				
			砂浆强度等级				
			M5	M7.5	M10	M12.5	M15
			1	2	3	4	5
1	32.5 级水泥	kg	218	266	311	345	393
2	生石灰	kg	—	—	—	—	—
3	中（粗）砂	m^3	1.12	1.09	1.07	1.07	1.07
顺序号	项目	单位	水泥砂浆				
			砂浆强度等级				
			M20	M25	M30	M35	M40
			6	7	8	9	10
1	32.5 级水泥	kg	448	527	612	693	760
2	生石灰	kg	—	—	—	—	—
3	中（粗）砂	m^3	1.06	1.02	0.99	0.98	0.95

续表

顺序号	项目	单位	水泥砂浆				混合砂浆
			砂浆强度等级				
			1∶1	1∶2	1∶2.5	1∶3	M2.5
			11	12	13	14	15
1	32.5级水泥	kg	780	553	472	403	165
2	生石灰	kg	—	—	—	—	127
3	中（粗）砂	m^3	0.67	0.95	1.01	1.04	1.04

顺序号	项目	单位	混合砂浆			石灰砂浆	水泥浆
			砂浆强度等级				
			M5	M7.5	M10	M1	
			16	17	18	19	20
1	32.5级水泥	kg	210	253	290	—	1348
2	生石灰	kg	94	61	29	207	—
3	中（粗）砂	m^3	1.04	1.04	1.04	1.1	—

三、混凝土配合比（表5-5）

混凝土配合比表(单位:1m³ 混凝土) **表 5-5**

顺序号	项目	单位	普通混凝土							
			碎(砾)石最大粒径(mm)							
			20							
			混凝土强度等级							
			C10	C15	C20	C25	C30		C35	
			水泥强度等级							
			32. 5	32. 5	32. 5	32. 5	32. 5	42. 5	32. 5	42. 5
			1	2	3	4	5	6	7	8
1	水泥	kg	238	286	315	368	406	388	450	405
2	中(粗)砂	m^3	0. 51	0. 51	0. 49	0. 48	0. 46	0. 48	0. 45	0. 47
3	碎(砾)石	m^3	0. 85	0. 82	0. 82	0. 8	0. 79	0. 79	0. 78	0. 79
4	片石	m^3	—	—	—	—	—	—	—	—

续表

顺序号	项目	单位	普通混凝土						
			碎（砾）石最大粒径（mm）						
			20						
			混凝土强度等级						
			C40			C45		C50	
			水泥强度等级						
			32.5	42.5	52.5	42.5	52.5	42.5	52.5
			9	10	11	12	13	14	15
1	水泥	kg	488	443	399	482	439	524	479
2	中（粗）砂	m^3	0.43	0.45	0.47	0.45	0.45	0.44	0.42
3	碎（砾）石	m^3	0.78	0.79	0.79	0.77	0.79	0.75	0.79
4	片石	m^3	—	—	—	—	—	—	—

续表

顺序号	项目	单位	普通混凝土							
			碎（砾）石最大粒径（mm）							
			20		40					
			混凝土强度等级							
			C55	C60	C10	C15	C20	C25	30	
			水泥强度等级							
			52.5	52.5	32.5	32.5	32.5	32.5	32.5	42.5
			16	17	18	19	20	21	22	23
1	水泥	kg	516	539	225	267	298	335	377	355
2	中（粗）砂	m^3	0.42	0.41	0.51	0.5	0.49	0.48	0.46	0.46
3	碎（砾）石	m^3	0.74	0.71	0.87	0.85	0.84	0.83	0.83	0.84
4	片石	m^3	—	—	—	—	—	—	—	—

续表

顺序号	项目	单位	普通混凝土						
			碎(砾)石最大粒径(mm)						
			40						
			混凝土强度等级						
			C35		C40			C45	
			水泥强度等级						
			32.5	42.5	32.5	42.5	52.5	42.5	52.5
			24	25	26	27	28	29	30
1	水泥	kg	418	372	461	415	359	440	399
2	中(粗)砂	m^3	0.45	0.46	0.43	0.44	0.46	0.44	0.44
3	碎(砾)石	m^3	0.82	0.83	0.81	0.83	0.84	0.81	0.84
4	片石	m^3	—	—	—	—	—	—	—

续表

顺序号	项目	单位	普通混凝土						泵送混凝土	
			碎(砾)石最大粒径(mm)							
			40			80			20	
			混凝土强度等级							
			C50		C55	C10	C15	C20	C15	C20
			水泥强度等级							
			42.5	52.5	52.5	32.5	32.5	32.5	32.5	32.5
			31	32	33	34	35	36	37	38
1	水泥	kg	487	430	451	212	253	282	321	354
2	中(粗)砂	m^3	0.43	0.41	0.41	0.58	0.55	0.54	0.59	0.57
3	碎(砾)石	m^3	0.79	0.84	0.83	0.83	0.83	0.82	0.75	0.75
4	片石	m^3	—	—	—	—	—	—	—	—

续表

顺序号	项目	单位	泵送混凝土						
			碎(砾)石最大粒径(mm)						
			20						
			混凝土强度等级						
			C25	C30	C35		C40		C45
			水泥强度等级						
			32.5	32.5	32.5	42.5	32.5	42.5	42.5
			39	40	41	42	43	44	45
1	水泥	kg	407	443	491	431	538	471	512
2	中(粗)砂	m^3	0.56	0.55	0.54	0.56	0.52	0.54	0.54
3	碎(砾)石	m^3	0.71	0.7	0.69	0.7	0.67	0.69	0.67
4	片石	m^3	—	—	—	—	—	—	—

续表

顺序号	项目	单位	泵送混凝土							
			碎(砾)石最大粒径(mm)							
			20			40				
			混凝土强度等级							
			C50	C55	C60	C10	C15	C20	C25	C30
			水泥强度等级							
			42.5	52.5	52.5	32.5	32.5	32.5	32.5	32.5
			46	47	48	49	50	51	52	53
1	水泥	kg	554	546	570	236	302	325	372	420
2	中(粗)砂	m^3	0.53	0.51	0.5	0.66	0.59	0.59	0.58	0.56
3	碎(砾)石	m^3	0.66	0.65	0.62	0.73	0.77	0.75	0.73	0.73
4	片石	m^3	—	—	—	—	—	—	—	—

续表

顺序号	项目	单位	泵送混凝土						
			碎(砾)石最大粒径(mm)						
			40						
			混凝土强度等级						
			C35		C40		C45	C50	C55
			水泥强度等级						
			32.5	42.5	32.5	42.5	42.5	42.5	52.5
			54	55	56	57	58	59	60
1	水泥	kg	461	403	505	440	478	505	498
2	中(粗)砂	m^3	0.54	0.57	0.52	0.55	0.56	0.55	0.55
3	碎(砾)石	m^3	0.72	0.72	0.7	0.71	0.68	0.67	0.65
4	片石	m^3	—	—	—	—	—	—	—

续表

顺序号	项目	单位	水下混凝土				防水混凝土			
			碎(砾)石最大粒径(mm)							
			40							
			混凝土强度等级							
			C20	C25	C30	C35	C25	C30	C35	C40
			水泥强度等级							
			32.5	32.5	32.5	32.5	32.5	32.5	42.5	42.5
			61	62	63	64	65	66	67	68
1	水泥	kg	368	398	385	434	368	427	460	505
2	中(粗)砂	m^3	0.49	0.46	0.47	0.46	0.52	0.51	0.51	0.49
3	碎(砾)石	m^3	0.8	0.84	0.83	0.81	0.71	0.69	0.67	0.66
4	片石	m^3	—	—	—	—	—	—	—	—

续表

顺序号	项目	单位	喷射混凝土				片石混凝土		
			碎(砾)石最大粒径(mm)						
			20				80		
			混凝土强度等级						
			C15	C20	C25	C30	C10	C15	C20
			水泥强度等级						
			32.5	32.5	32.5	32.5	32.5	32.5	32.5
			69	70	71	72	73	74	75
1	水泥	kg	435	445	469	510	180	215	240
2	中(粗)砂	m^3	0.61	0.61	0.6	0.59	0.49	0.47	0.46
3	碎(砾)石	m^3	0.58	0.57	0.57	0.56	0.71	0.71	0.7

续表

顺序号	项目	单位	喷射混凝土				片石混凝土		
			碎(砾)石最大粒径(mm)						
			20				80		
			混凝土强度等级						
			C15	C20	C25	C30	C10	C15	C20
			水泥强度等级						
			32.5	32.5	32.5	32.5	32.5	32.5	32.5
			69	70	71	72	73	74	75
4	片石	m^3	—	—	—	—	0.215	0.215	0.215

注:1. 采用细砂配制混凝土时,每 m 混凝土的水泥用量增加 4%;

2. 表列各种强度混凝土的水泥用量,系按机械捣固计算的,如采用人工捣固时,每 m。混凝土增加水泥用量 25kg;

3. 表列用量已包括场内运输及操作损耗;

4. 公路水下构造物每 m。混凝土水泥用量:机器捣固不应少于 240kg,人工捣固不应少于 265kg;

5. 每 $10m^3$ 混凝土拌合与养生用水见表 5-6。

每 $10m^3$ 混凝土拌和与养护用水表　　表 5-6

项目		单位	用水量(m^3)	
			泵送混凝土	其他混凝土
现浇	基础、下部构造	$10m^3$	18	12
	上部构造		21	15

项目	单位	用水量(m^3)	
		泵送混凝土	其他混凝土
预测	$10m^3$	22	16

四、砌筑工程石料及砂浆消耗

砌筑工程石料及砂浆消耗(单位:1m^3 砌体及100m^2 勾缝抹面面积)　表 5-7

顺序号	项目	单位	浆砌工程						干砌工程	
			片石	卵石	块石	粗料石	细料石	青(红)砖	片石、卵石	块石
			1m^3 砌体							
			1	2	3	4	5	6	7	8
1	片石、卵石	m^3	1.15	1.15	—	—	—	—	1.25	—
2	块石	m^3	—	—	1.05	—	—	—	—	1.15
3	粗料石	m^3	—	—	—	0.9	—	—	—	—
4	细料石	m^3	—	—	—	—	0.92	—	—	—
5	青(红)砖	千块	—	—	—	—	—	0.531	—	—
6	砂浆	m^3	0.35	0.38	0.27	0.2	0.13	0.24	—	—

续表

顺序号	项目	单位	水泥砂浆勾缝					
			平、立面					
			平凹缝				凸缝	
			片石	块石	料石	青(红)砖	片石	块石
			$100m^2$ 勾缝面积					
			9	10	11	12	13	14
1	砂浆	m^3	0.87	0.52	0.35	0.22	1.22	0.73

顺序号	项目	单位	水泥砂浆勾缝					
			平、立面		仰面			
			凸缝		平凹缝			
			料石	青(红)砖	片石	块石	料石	青(红)砖
			$100m^2$ 勾壁面积					
			15	16	17	18	19	20
1	砂浆	m^3	0.49	0.31	0.91	0.55	0.37	0.23

续表

顺序号	项目	单位	水泥砂浆勾缝				水泥砂浆抹面
			仰面				
			凸缝				厚 2cm
			片石	块石	料石	青(红)砖	
			100m² 勾缝面积				100m² 抹面面积
			21	22	23	24	25
1	砂浆	m^3	1.27	0.77	0.52	0.32	2.60

第三节　脚手架、踏步、井字架工料消耗

一、轻型上下架材料消耗（表 5-8）

二、门式钢支架材料消耗（表 5-9）

轻型上下架材料消耗表（单位：1 处）

表 5-8

顺序号	项目	单位	高度/m	
			6	每增减 2
			1	2
1	钢板	kg	0.83	0.06
2	钢管	kg	1.51	0.5
3	钢丝绳	kg	0.23	0.07
4	门式钢支架	kg	5.5	1.59
5	铁件	kg	2.8	0.3

注：轻型上下架平面尺寸为：1.83m×1.22m。

门式钢支架材料消耗表

（单位：10m³ 空间体积）　　表 5-9

顺序号	项　目	单位	总数量	摊销次数
			1	2
1	型钢	kg	28	100
2	钢板	kg	9.42	100
3	钢管	kg	18.41	100
4	管扣	kg	5.16	40
5	门式钢支架	kg	67.31	80

注：当用作箱梁等结构的内外模板支架时，应扣除上表中的钢板数量并乘以下表的系数；当用作底模板施工支架（支架立在地面上）时，按上表数量并乘以表 5-10 系数计算。

不同高度调整系数表　　表 5-10

顺序号	项　目	单位	高　度/m					
			2 以内	3 以内	4 以内	6 以内	7 以内	8 以内
			1	2	3	4	5	6
1	型钢	kg	8.61	4.58	3.38	2.18	1.85	1.61
2	钢管	kg	5.95	2.91	2.23	1.62	1.58	1.55
3	管扣	kg	5.81	2.89	2.09	1.36	1.22	1.2
4	门式钢支架	kg	2.28	1.4	1.32	1.12	1.05	1.05

三、钢管脚手架及井字架工料消耗(表5-11)

工程内容：清理场地，摆底座，插立杆，用卡子螺栓连接钢管，放垫木、脚手板，安装吊盘，拆除架子及吊盘，材料50m以内搬运、堆放。

钢管脚手架及井字架工料消耗表

(单位：10m及1处)　　**表5-11**

顺序号	项目	单位	脚手架				
			高度/m				
			4	6	8	12	16
			10m				
			1	2	3	4	5
1	人工	工日	3.91	4.94	6.32	9.92	15.23
2	锯材	m^3	0.06	0.06	0.06	0.06	0.06
3	型钢	kg	—	—	—	—	—
4	钢板	kg	—	—	—	—	—
5	钢管	kg	16.9	24.4	32	46.7	60.5
6	钢丝绳	kg	—	—	—	—	—
7	铁钉	kg	0.5	0.5	0.5	0.5	0.5
8	8～12号铁丝	kg	0.6	0.6	0.6	0.6	0.6
9	其他材料费及加工费	元	4.7	6.6	8.8	12.7	15.8

续表

顺序号	项目	单位	井子架			
			高度/m			
			8	10	14	18
			1处			
			6	7	8	9
1	人工	工日	7.58	9.47	13.26	17.05
2	锯材	m^3	0.012	0.012	0.012	0.012
3	型钢	kg	3.6	3.6	3.6	3.6
4	钢板	kg	0.3	0.3	0.3	0.3
5	钢管	kg	16.7	20.8	29.1	37.3
6	钢丝绳	kg	0.9	1.2	1.7	2.1
7	铁钉	kg	—	—	—	—
8	8～12号铁丝	kg	—	—	—	—
9	其他材料费及加工费	元	6.1	7.3	9.6	11.8

注：脚手架的宽度为2.5m；井子架的平面尺寸为2.5m×2.5m。

四、木脚手架及井字架材料消耗（表5-12）

工程内容：清理场地、挖基脚、立杆、绑扎、铺板，安装吊盘，拆除架子及吊盘，材料50m以内搬运、堆放。

木脚手架及井字架材料消耗表(单位:10m及1处)　　表5-12

顺序号	项目	单位	脚手架 高度/m 3	4	6	8	12	16
			10m					
			1	2	3	4	5	6
1	人工	工日	4.23	4.58	5.64	7.07	10.9	16.21
2	原木	m^3	0.103	0.134	0.196	0.258	0.381	0.505
3	锯材	m^3	0.054	0.054	0.054	0.054	0.054	0.054
4	型钢	kg	—	—	—	—	—	—
5	钢板	kg	—	—	—	—	—	—
6	钢管	kg	—	—	—	—	—	—
7	钢丝绳	kg	—	—	—	—	—	—
8	铁钉	kg	0.5	0.5	0.5	0.5	0.5	0.5
9	8～12号铁丝	kg	8.1	10.5	15.1	19.8	29.1	38.3
10	其他材料费及加工费	元	—	—	—	—	—	—

续表

顺序号	项目	单位	井子架				
			高度/m				
			6	8	12	16	20
			1处				
			7	8	9	10	11
1	人工	工日	3.52	3.91	6.55	12.55	18.55
2	原木	m^3	0.075	0.101	0.151	0.201	0.252
3	锯材	m^3	0.023	0.023	0.023	0.023	0.023
4	型钢	kg	4.7	4.7	4.7	4.7	4.7
5	钢板	kg	0.3	0.3	0.3	0.3	0.3
6	钢管	kg	1.2	1.7	2.5	3.3	4.2
7	钢板	kg	0.7	1	1.5	2	2.5
8	铁钉	kg	—	—	—	—	—
9	8~12 号铁丝	kg	5.9	7.6	11	14.5	18.4
10	其他材料费及加工费	元	1.9	2	2.1	2.3	2.5

注： 脚手架的宽度为 2.5m;井子架的平面尺寸为 2.5m×2.5m。

五、踏步工料消耗（表 5-13）

工程内容：清理场地、挖基脚、立杆、绑扎、铺板、拆除，材料 50m 以内搬运、堆放。

踏步工料消耗表（单位：1 处）

表 5-13

顺序号	项目	单位	高度（m）					
			3	4	6	8	12	16
			1	2	3	4	5	6
1	人工	工日	3.55	4.84	9.66	18.33	26.2	33.47
2	原木	m^3	0.022	0.047	0.106	0.165	0.355	0.618
3	锯材	m^3	0.062	0.094	0.14	0.187	0.281	0.375
8	铁钉	kg	0.3	0.4	0.6	0.8	1.3	1.7
9	8～12 号铁丝	kg	3	7.3	13.2	19.1	35.4	56.2

六、工作平台每 m^2 材料消耗（表 5-14）

工作平台每 m^2 材料消耗表　表 5-14

顺序号	项目	单位	总数量	摊销次数	预算定额材料名称	材料损耗（%）
			1	2	3	4
1	锯材	m^3	0.133	20	锯材	15
2	光圆钢筋	kg	3.76	20	光圆钢筋	2.5

续表

顺序号	项　目	单位	总数量	摊销次数	预算定额材料名称	材料损耗（%）
			1	2	3	4
4	型钢	kg	31.18	100	型钢	6
6	钢管	kg	9.04	20	钢管	4
7	预埋螺栓	kg	8.19	1	铁件	2
8	安全网	m^2	2.36	8	其他材料费	0

注：结构高度大于 7m 时按表中材料数量配工作平台，提升模板不配工作平台。

七、脚手架和轻型上下架的配备（表 5-15）

脚手架和轻型上下架配备表　表 5-15

顺序号	项　目	高度（m）	脚手架	轻型上下架
1	承台	—	—	1处、$H=3$m
2	重力式沉井	—	$H=4$m，长度同沉井周长	—
3	薄壁沉井	—	$H=8$m，长度同沉井周长	—
4	轻型桥台	—	$H=5$m，长度与桥同宽	—

续表

顺序号	项　目	高度(m)	脚手架	轻型上下架
5	实体墩台	10 以内	$H=8m$，长度与桥同宽	—
		20 以内	$H=16m$，长度与桥同宽	—
6	柱式墩台	10 以内	$H=8m$，长度与桥同宽	—
		20 以内	—	1 处、$H=20m$
		40 以内	—	1 处、$H=40m$
7	框架式桥台	10 以内	$H=8m$，长度与桥同宽	—
8	肋型埋置式桥台	8 以内	$H=6m$，长度与桥同宽	—
		14 以内	$H=10m$，长度与桥同宽	—
9	空心墩	20 以内	—	1 处，$H=20m$
		40 以内	—	1 处，$H=40m$
10	薄壁墩	20 以内	—	1 处，$H=20m$
		40 以内	—	1 处，$H=40m$
11	Y 形墩	20 以内	$H=16m$，长度与桥同宽	—
12	墩台帽、盖梁	—	—	—

第四节　预应力锚索材料消耗

一、钢绞线的计算

1. 基本概念

根（或丝）：指一根钢丝；

股：指由几根钢丝组成一股钢绞线；

束：预应力构件截面中见到的钢绞线束数量，每一束配两个锚具；

束长：一次张拉的长度；

每吨××束：指在标准张拉长度内，每吨钢绞线折合成多少束。所以说它不一定是整数。

2. 关于钢绞线定额的选择与调整

（1）束长、孔数要符合设计或施工方案的实际张拉长度和锚具孔数；

（2）计算设计钢绞线的束数：图纸给定的束数=重量/长度，根据计算的束数套用相近的定额，如果计算的束数与定额的束数不同时，则需要进行定额调整；

（3）每吨束数要调整为设计图纸给定的束数，例如：设计某根钢绞线长 18m，采用直径=15.24mm（7ϕ5）的钢绞线及7孔锚具，钢绞线单位重量为1.101kg/m，则：1000kg/(7×18×1.101)=7.21束，套用定额4～7～20～17（钢绞线束长20m7孔每t8.12束），8.12－7.21=0.91束，故需将定额调整为：4～7～20～17－18×0.91。

（4）再如：×大桥箱梁纵向预应力钢绞线为ϕ15.24－18，即每束18股，每股7丝，共240束。总长8106.2m，总重量为160648.67（8106.2×18×1.101）kg，则该钢绞线每吨=240束/160.65t=1.49束/t，平均设计束长=8106.2/240=33.776m，考虑施工张拉长度，选用定额为：4～7～20～33（钢绞线束长40m19孔每t1.41束），定额调整量为：1.49－1.41=0.08，定额调整为：4～7～20～33＋34×0.08。

二、预应力锚索材料消耗（见表5-16）

预应力锚索材料表(单位:1t 钢绞线) 表 5-16

顺序号	项目	单位	代号	束长(m)		
				20 以内		
				锚具型号		
				4 孔		5 孔
				每 t13.34 束	每增减 1 束	每 t10.68 束
				46	47	48
1	人工	工日	1	35.7	1.4	32.0
2	光圆钢筋	t	111	0.051	0.004	0.041
3	钢绞线	t	125	1.040	—	1.040
4	钢管	t	191	0.007	—	0.006
5	钢绞线群锚(4 孔)	套	573	13.61	1.02	—
6	钢绞线群锚(5 孔)	套	574	—	—	10.89
7	钢绞线群锚(6 孔)	套	575	—	—	—
8	钢绞线群锚(8 孔)	套	577	—	—	—

续表

顺序号	项目	单位	代号	束长(m)		
				20以内		
				锚具型号		
				4孔		5孔
				每t13.34束	每增减1束	每t10.68束
				46	47	48
9	8～12号铁丝	kg	655	3.4	0.3	2.7
10	20～22号铁丝	kg	656	1.3	0.1	1.1
11	塑料软管	kg	782	62.8	－5.0	62.8
12	其他材料费	元	996	428.0	21.3	386.1
13	钢绞线拉伸设备	台班	1349	2.86	0.21	2.29
14	小型机具使用费	元	1998	36.5	2.7	31.5
15	基价	元	1999	12556	197	12206

续表

顺序号	项目	单位	代号	束长(m)		
				20以内		
				锚具型号		
				5孔	6孔	
				每增减1束	每t8.89束	每增减1束
				49	50	51
1	人工	工日	1	1.5	26.3	1.6
2	光圆钢筋	t	111	0.004	0.035	0.004
3	钢绞线	t	125	—	1.0404	—
4	钢管	t	191	—	0.005	—
5	钢绞线群锚(4孔)	套	—	—	—	
6	钢绞线群锚(5孔)	套	574	1.02	—	—
7	钢绞线群锚(6孔)	套	575	—	8.86	1.02
8	钢绞线群锚(8孔)	套	577	—	—	—

续表

顺序号	项目	单位	代号	束长(m)		
				20以内		
				锚具型号		
				5孔	6孔	
				每增减1束	每t8.89束	每增减1束
				49	50	51
9	8～12号铁丝	kg	655	0.3	2.3	0.3
10	20～22号铁丝	kg	656	0.1	0.9	0.1
11	塑料软管	kg	782	−6.3	62.8	−7.5
12	其他材料费	元	996	22.6	359.9	24.0
13	钢绞线拉伸设备	台班	1349	0.21	1.96	0.21
14	小型机具使用费	元	1998	2.8	28.2	2.9
15	基价	元	1999	217	11777	239

续表

顺序号	项目	单位	代号	束长(m)			
				40以内			
				锚具型号			
				4孔		5孔	
				每t7.09束	每增减1束	每t5.67束	每增减1束
				52	53	54	55
1	人工	工日	1	21.2	1.8	19.3	1.9
2	光圆钢筋	t	111	0.027	0.004	0.022	0.004
3	钢绞线	t	125	1.040	—	1.040	
4	钢管	t	191	0.004	—	0.003	—
5	钢绞线群锚(4孔)	套	573	7.23	1.02	—	—
6	钢绞线群锚(5孔)	套	574	—	—	5.78	1.02
7	钢绞线群锚(6孔)	套	575	—	—	—	—
8	钢绞线群锚(8孔)	套	577	—	—	—	—

续表

顺序号	项目	单位	代号	束长(m)			
				40以内			
				锚具型号			
				4孔		5孔	
				每t7.09束	每增减1束	每t5.67束	每增减1束
				52	53	54	55
9	8～12号铁丝	kg	655	3.9	0.6	3.1	0.6
10	20～22号铁丝	kg	656	1.6	0.2	1.2	0.2
11	塑料软管	kg	782	94.1	−5.0	94.1	−6.3
12	其他材料费	元	996	413.6	37.8	369.1	39.4
13	钢绞线拉伸设备	台班	1349	2.46	0.34	1.96	0.34
14	小型机具使用费	元	1998	28.6	4.1	24.3	4.4
15	基价	元	1999	11303	254	11063	275

续表

顺序号	项目	单位	代号	束长(m)			
				40以内			
				锚具型号			
				6孔		8孔	
				每t4.73束	每增减1束	每t3.54束	每增减1束
				56	57	58	59
1	人工	工日	1	18.4	2.0	17.5	2.1
2	光圈钢筋	t	111	0.018	0.004	0.015	0.004
3	钢绞线	t	125	1.040	—	1.040	
4	钢管	t	191	0.003	—	0.002	—
5	钢绞线群锚(4孔)	套	573	—	—	—	—
6	钢绞线群锚(5孔)	套	574	—	—	—	—
7	钢绞线群锚(6孔)	套	575	4.82	1.02	—	—
8	钢绞线群锚(8孔)	套	577	—	—	3.61	1.02

续表

顺序号	项目	单位	代号	束长(m)			
				40以内			
				锚具型号			
				6孔		8孔	
				每t4.73束	每增减1束	每t3.54束	每增减1束
				56	57	58	59
9	8～12号铁丝	kg	655	2.6	0.6	2.1	0.6
10	20～22号铁丝	kg	656	1.0	0.2	0.8	0.2
11	塑料软管	kg	782	94.1	−7.5	94.1	−10.0
12	其他材料费	元	996	344.5	41.1	308.3	44.6
13	钢绞线拉伸设备	台班	2.46	1.64	0.34	1.23	0.34
14	小型机具使用费	元	1998	21.5	4.6	17.8	4.9
15	基价	元	1999	10931	298	10770	336

续表

顺序号	项目	单位	代号	束长(m)			
				60以内			
				锚具型号			
				4孔		5孔	
				每t4.36束	每增减1束	每t3.49束	每增减1束
				60	61	62	63
1	人工	工日	1	14.2	2.2	13.2	2.3
2	光圈钢筋	t	111	0.022	0.004	0.018	0.004
3	钢绞线	t	125	1.040	—	1.040	—
4	钢管	t	191	0.002	—	0.002	—
5	钢绞线群锚(4孔)	套	573	4.45	1.02	—	—
6	钢绞线群锚(5孔)	套	574	—	—	3.56	1.02
7	钢绞线群锚(6孔)	套	575	—	—	—	—
8	钢绞线群锚(8孔)	套	577	—	—	—	—

续表

顺序号	项目	单位	代号	束长(m)			
				60以内			
				锚具型号			
				4孔		5孔	
				每t4.36束	每增减1束	每t3.49束	每增减1束
				60	61	62	63
9	8～12号铁丝	kg	655	4.3	1.0	3.5	1.0
10	20～22号铁丝	kg	656	1.7	0.4	1.4	0.4
11	塑料软管	kg	782	107.8	−5.0	107.8	−6.3
12	其他材料费	元	996	408.2	60.3	363.1	62.1
13	钢绞线拉伸设备	台班	1349	1.71	0.39	1.37	0.39
14	小型机具使用费	元	1998	19.9	4.4	16.9	4.7
15	基价	元	1999	10657	307	10494	328

续表

顺序号	项目	单位	代号	束长(m)			
				60以内			
				锚具型号			
				6孔		8孔	
				每t2.91束	每增减1束	每t2.18束	每增减1束
				64	65	66	67
1	人工	工日	1	12.7	2.4	12.1	2.6
2	光圈钢筋	t	111	0.014	0.004	0.012	0.004
3	钢绞线	t	125	1.040	—	1.040	—
4	钢管	t	191	0.001	—	0.001	—
5	钢绞线群锚(4孔)	套	573	—	—	—	—
6	钢绞线群锚(5孔)	套	574	—	—	—	—
7	钢绞线群锚(6孔)	套	575	2.97	1.02	—	—
8	钢绞线群锚(8孔)	套	577	—	—	2.22	1.02

续表

顺序号	项目	单位	代号	束长(m)			
				60以内			
				锚具型号			
				6孔		8孔	
				每t2.91束	每增减1束	每t2.18束	每增减1束
				64	65	66	67
9	8～12号铁丝	kg	655	2.9	1.0	2.1	1.0
10	20～22号铁丝	kg	656	1.2	0.4	0.9	0.4
11	塑料软管	kg	782	107.8	−7.5	107.8	−10.0
12	其他材料费	元	996	334.7	64.3	296.7	68.3
13	钢绞线拉伸设备	台班	1349	1.15	0.39	0.7	0.39
14	小型机具使用费	元	1998	16.0	4.9	13.2	5.2
15	基价	元	1999	10387	351	10262	395

第五节　常用费率表

一、冬期施工增加费费率（表 5-17）

冬期施工增加费费率表（单位：%）

表 5-17

气温区 / 工程类别	冬期平均气温（℃）				
	−1 以上		−1～−4		−4～−7
	冬一区		冬二区		冬三区
	Ⅰ	Ⅱ	Ⅰ	Ⅱ	
人工土方	0.28	0.44	0.59	0.76	1.44
机械土方	0.43	0.67	0.93	1.17	2.21
汽车运输	0.08	0.12	0.17	0.21	0.40
人工石方	0.06	0.10	0.13	0.15	0.30
机械石方	0.08	0.13	0.18	0.21	0.42
高级路面	0.37	0.52	0.72	0.81	1.48
其他路面	0.11	0.20	0.29	0.37	0.62
构造物Ⅰ	0.34	0.49	0.66	0.75	1.36
构造物Ⅱ	0.42	0.60	0.81	0.92	1.67
构造物Ⅲ	0.83	1.18	1.60	1.81	3.29
技术复杂大桥	0.48	0.68	0.93	1.05	1.91
隧道	0.10	0.19	0.27	0.35	0.58
钢材及钢结构	0.02	0.05	0.07	0.09	0.15

续表

气温区 \ 工程类别	冬期平均气温(℃) -7～-10 冬四区	-10～-14 冬五区	-14以下 冬六区	准一区	准二区
人工土方	2.05	3.07	4.61	—	—
机械土方	3.14	4.71	7.07	—	—
汽车运输	0.56	0.84	1.27	—	—
人工石方	0.44	0.65	0.98	—	—
机械石方	0.61	0.91	1.37	—	—
高级路面	2.00	3.00	4.50	0.06	0.16
其他路面	0.80	1.20	1.80	—	—
构造物Ⅰ	1.84	2.76	4.14	0.06	0.15
构造物Ⅱ	2.27	3.40	5.10	0.08	0.19
构造物Ⅲ	4.46	6.69	10.03	0.15	0.37
技术复杂大桥	2.58	3.87	5.81	0.08	0.21
隧道	0.75	1.12	1.69	—	—
钢材及钢结构	0.19	0.29	0.43	—	—

二、雨期施工增加费费率（表5-18）

雨期施工增加费费率表(单位:%) **表 5-18**

雨期(月数)	1	1.5	2		2.5		3		3.5	
雨量区 / 工程类别	Ⅰ	Ⅰ	Ⅰ	Ⅱ	Ⅰ	Ⅱ	Ⅰ	Ⅱ	Ⅰ	Ⅱ
人工土方	0.04	0.05	0.07	0.11	0.09	0.13	0.11	0.15	0.13	0.17
机械土方	0.04	0.05	0.07	0.11	0.09	0.13	0.11	0.15	0.13	0.17
汽车运输	0.04	0.05	0.07	0.11	0.09	0.13	0.11	0.16	0.13	0.19
人工石方	0.02	0.03	0.05	0.07	0.06	0.09	0.07	0.11	0.08	0.13
机械石方	0.03	0.04	0.06	0.10	0.08	0.12	0.10	0.14	0.12	0.16
高级路面	0.03	0.04	0.06	0.10	0.08	0.13	0.10	0.15	0.12	0.17
其他路面	0.03	0.04	0.05	0.08	0.06	0.09	0.07	0.11	0.08	0.13
构造物Ⅰ	0.03	0.04	0.05	0.08	0.06	0.09	0.07	0.11	0.08	0.13
构造物Ⅱ	0.03	0.04	0.05	0.08	0.07	0.10	0.08	0.12	0.09	0.14
构造物Ⅲ	0.06	0.08	0.11	0.17	0.14	0.21	0.17	0.25	0.20	0.30
技术复杂大桥	0.03	0.05	0.07	0.10	0.08	0.12	0.10	0.14	0.12	0.16
隧道	—	—	—	—	—	—	—	—	—	—
钢材及钢结构	—	—	—	—	—	—	—	—	—	—

续表

雨期（月数）/雨量区/工程类别	4		4.5		5		6		7	8
	Ⅰ	Ⅱ	Ⅰ	Ⅱ	Ⅰ	Ⅱ	Ⅰ	Ⅱ	Ⅰ	Ⅱ
人工土方	0.15	0.20	0.17	0.23	0.19	0.26	0.21	0.31	0.36	0.42
机械土方	0.15	0.20	0.17	0.23	0.19	0.27	0.22	0.32	0.37	0.43
汽车运输	0.15	0.22	0.17	0.25	0.19	0.27	0.22	0.32	0.37	0.43
人工石方	0.09	0.15	0.10	0.17	0.12	0.19	0.15	0.23	0.27	0.32
机械石方	0.14	0.19	0.16	0.22	0.18	0.25	0.20	0.29	0.34	0.39
高级路面	0.14	0.19	0.16	0.22	0.18	0.25	0.20	0.29	0.34	0.39
其他路面	0.10	0.15	0.12	0.17	0.14	0.19	0.16	0.23	0.27	0.31
构造物Ⅰ	0.10	0.15	0.12	0.17	0.14	0.19	0.16	0.23	0.27	0.31
构造物Ⅱ	0.11	0.16	0.13	0.18	0.15	0.21	0.17	0.25	0.30	0.34
构造物Ⅲ	0.23	0.35	0.27	0.40	0.31	0.45	0.35	0.52	0.60	0.69
技术复杂大桥	0.14	0.19	0.16	0.22	0.18	0.25	0.20	0.29	0.34	0.39
隧道	—	—	—	—	—	—	—	—	—	—
钢材及钢结构	—	—	—	—	—	—	—	—	—	—

三、冬雨期施工增工百分率（表 5-19）

冬雨期施工增工百分率表（单位：%） **表 5-19**

项目	雨期施工		冬期施工			
	雨量区		冬一区		冬二区	
	Ⅰ	Ⅱ	Ⅰ	Ⅱ	Ⅰ	Ⅱ
路线	0.30	0.45	0.75	1.00	1.40	1.80
独立大中桥	0.30	0.45	0.30	0.40	0.50	0.60

项目	冬期施工			
	冬三区	冬四区	冬五区	冬六区
路线	2.40	3.00	4.50	6.75
独立大中桥	0.80	1.00	1.50	2.25

四、夜间施工增加费费率（表 5-20）

夜间施工增加费费率表（单位：%） **表 5-20**

工程类别	费率
构造物Ⅱ	0.35
构造物Ⅲ	0.75
技术复杂大桥	0.35
钢材及钢结构	0.35

五、高原地区施工增加费费率（表 5-21）

六、风沙地区施工增加费费率（表 5-22）

高原地区施工增加费费率表(单位:%)　　表 5-21

工程类别	海拔高度/m							
	1501～2000	2001～2500	2501～3000	3001～3500	3501～4000	4001～4500	4501～5000	5000以上
人工土方	7.00	13.25	19.75	29.75	43.25	60.00	80.00	110.00
机械土方	6.56	12.60	18.66	25.60	36.05	49.08	64.72	83.80
汽车运输	6.50	12.50	18.50	25.00	35.00	47.50	62.50	80.00
人工石方	7.00	13.25	19.75	29.75	43.25	60.00	80.00	110.00
机械石方	6.71	12.82	19.03	27.01	38.50	52.80	69.92	92.72
高级路面	6.58	12.61	18.69	25.72	36.26	49.41	65.17	84.58
其他路面	6.73	12.84	19.07	27.15	38.74	53.17	70.44	93.60
构造物Ⅰ	6.87	13.06	19.44	28.56	41.18	56.86	75.61	102.47
构造物Ⅱ	6.77	12.90	19.17	27.54	39.41	54.18	71.85	96.03
构造物Ⅲ	6.73	12.85	19.08	27.19	38.81	53.27	70.57	93.84
技术复杂大桥	6.70	12.81	19.01	26.94	38.37	52.61	69.65	92.27
隧道	6.76	12.90	19.16	27.50	39.35	54.09	71.22	95.81
钢材及钢结构	6.78	12.92	19.20	27.66	39.62	54.50	72.30	96.80

风沙地区施工增加费费率表(单位:%)　　表 5-22

风沙区划 工程类别	风沙一区			风沙二区			风沙三区		
	沙漠类型								
	固定	半固定	流动	固定	半固定	流动	固定	半固定	流动
人工土方	6.00	11.00	18.00	7.00	17.00	26.00	11.00	24.00	37.00
机械土方	4.00	7.00	12.00	5.00	11.00	17.00	7.00	15.00	24.00
汽车运输	4.00	8.00	13.00	5.00	12.00	18.00	8.00	17.00	26.00
人工石方	—	—	—	—	—	—	—	—	—
机械石方	—	—	—	—	—	—	—	—	—
高级路面	0.50	1.00	2.00	1.00	2.00	3.00	2.00	3.00	5.00
其他路面	2.00	4.00	7.00	3.00	7.00	10.00	4.00	10.00	15.00
构造物Ⅰ	4.00	7.00	12.00	5.00	11.00	17.00	7.00	16.00	24.00
构造物Ⅱ	—	—	—	—	—	—	—	—	—
构造物Ⅲ	—	—	—	—	—	—	—	—	—
技术复杂大桥	—	—	—	—	—	—	—	—	—
钢材及钢结构	1.00	2.00	4.0	1.00	3.00	5.00	2.00	5.00	7.00

七、沿海地区工程施工增加费费率(表 5-23)

沿海地区工程施工增加费费率表 (单位:%)

表 5-23

工程类别	费　率
构造物Ⅱ	0.15
构造物Ⅲ	0.15
技术复杂大桥	0.15
钢材及钢结构	0.15

八、行车干扰工程施工增加费费率(表 5-24)

行车干扰工程施工增加费费率表 (单位:%)

表 5-24

工程类别	施工期间平均每昼夜双向行车次数(汽车、畜力车合计)							
	51～100	101～500	501～1000	1001～2000	2001～3000	3001～4000	4001～5000	5000以上
人工土方	1.64	2.46	3.28	4.10	4.76	5.29	5.86	6.44
机械土方	1.39	2.19	3.00	3.89	4.51	5.02	5.56	6.11
汽车运输	1.36	2.09	2.85	3.75	4.35	4.84	5.36	5.89
人工石方	1.66	2.40	3.33	4.06	4.71	5.24	5.81	6.37
机械石方	1.16	1.71	2.38	3.19	3.70	4.12	4.56	5.01

续表

工程类别	施工期间平均每昼夜双向行车次数（汽车、畜力车合计）							
	51～100	101～500	501～1000	1001～2000	2001～3000	3001～4000	4001～5000	5000以上
高级路面	1.24	1.87	2.50	3.11	3.61	4.01	4.45	4.88
其他路面	1.17	1.77	2.36	2.94	3.41	3.79	4.20	4.62
构造物Ⅰ	0.94	1.41	1.89	2.36	2.74	3.04	3.37	3.71
构造物Ⅱ	0.95	1.43	1.90	2.37	2.75	3.06	3.39	3.72
构造物Ⅲ	0.95	1.42	1.90	2.37	2.75	3.05	3.38	3.72
技术复杂大桥	—	—	—	—	—	—	—	—
隧道	—	—	—	—	—	—	—	—
钢材及钢结构	—	—	—	—	—	—	—	—

九、安全级文明施工措施费费率(表 5-25)

安全级文明施工措施费费率表（单位：%）

表 5-25

工程类别	费　率
人工土方	0.59
机械土方	0.59
汽车运输	0.21
人工石方	0.59

续表

工程类别	费　率
机械石方	0.59
高级路面	1.00
其他路面	1.02
构造物Ⅰ	0.72
构造物Ⅱ	0.78
构造物Ⅲ	1.57
技术复杂大桥	0.86
隧道	0.73
钢材及钢结构	0.53

注：设备安装工程按表中费率的50%计算。

十、临时设施费费率（表5-26）

临时设施费费率表（单位：%）　表5-26

工程类别	地区类别		
	一类地区	二类地区	三类地区
人工土方	5.13	5.65	6.67
机械土方	2.60	2.86	3.38
汽车运土	1.63	1.79	2.12

续表

工程类别	地区类别		
	一类地区	二类地区	三类地区
人工石方	5.13	5.65	6.67
机械石方	4.40	4.84	5.72
高级路面	3.35	3.68	4.35
其他路面	3.33	3.66	4.33
构造物Ⅰ	4.70	5.17	6.11
构造物Ⅱ	4.53	4.99	5.90
技术复杂大桥	3.92	4.32	5.10
隧道	4.07	4.48	5.29
钢桥上部	3.10	3.42	4.04

十一、施工辅助费费率（表 5-27）

施工辅助费费率表（单位：%）

表 5-27

工程类别	费　率
人工土方	2.76
机械土方	0.83
汽车运土	0.26

续表

工程类别	费　率
人工石方	2.62
机械石方	0.91
高级路面、其他路面	1.31
构造物Ⅰ	2.26
构造物Ⅱ	2.18
技术复杂大桥	2.26
隧道	2.04
钢桥上部	0.70

十二、临时设施用工指标（表 5-28）

临时设施用工指标表　表 5-28

项目	路线（1km）						独立大中桥（100m^{2}桥面）
	公路等级						
	高速公路	一级公路	汽车专用二级公路	二级公路	三级公路	四级公路	
工日	2340	1160	580	340	160	100	60

十三、工地转移费费率（表 5-29）

工地转移费费率表（单位:%）

表 5-29

工程类别	工地转移距离（km）					
	50	100	300	500	1000	每增加 100
人工土方	0.15	0.21	0.32	0.43	0.56	0.03
机械土方	0.50	0.67	1.05	1.37	1.82	0.08
汽车运输	0.31	0.40	0.62	0.82	1.07	0.05
人工石方	0.16	0.22	0.33	0.45	0.58	0.03
机械石方	0.36	0.43	0.74	0.97	1.28	0.06
高级路面	0.61	0.83	1.30	1.70	2.27	0.12
其他路面	0.56	0.75	1.18	1.54	2.06	0.10
构造物Ⅰ	0.56	0.75	1.18	1.54	2.06	0.11
构造物Ⅱ	0.66	0.89	1.40	1.83	2.45	0.13
构造物Ⅲ	1.31	1.77	2.77	3.62	4.85	0.25
技术复杂大桥	0.75	1.01	1.58	2.06	2.76	0.14
隧道	0.52	0.71	1.11	1.45	1.94	0.10
钢材及钢结构	0.72	0.97	1.51	1.97	2.64	0.13

十四、现场管理费基本费费率（表5-30）

现场管理费
基本费费率表（单位：%）　　表5-30

工程类别	地区类别		
	一类地区	二类地区	三类地区
人工土方	8.67	9.49	11.15
机械土方	3.74	4.06	4.68
汽车运土	1.84	2.20	2.57
人工石方	8.67	9.49	11.15
机械石方	4.70	5.03	6.05
高级路面	1.57	1.88	2.20
其他路面	3.54	3.87	4.51
构造物Ⅰ	5.55	5.95	7.14
构造物Ⅱ	5.35	5.74	6.89
技术复杂大桥	4.86	5.29	6.17
隧　道	4.81	5.15	6.18
钢桥上部	1.51	1.82	2.12

十五、主副食运费补贴费费率（表 5-31）

主副食运费补贴费费率表（单位：%）　　表 5-31

工程类别	综合里程（km）											
	4	3	5	8	10	15	20	25	30	40	50	每增加 10
人工土方	0.17	0.25	0.31	0.39	0.45	0.56	0.67	0.76	0.89	1.06	1.22	0.16
机械土方	0.13	0.19	0.24	0.30	0.35	0.43	0.52	0.59	0.69	1.81	1.95	0.13
汽车运输	0.14	0.20	0.25	0.32	0.37	0.45	0.55	0.62	0.73	0.86	1.00	0.14
人工石方	0.13	0.19	0.24	0.30	0.34	0.42	0.51	0.58	0.67	0.80	0.92	0.12
机械石方	0.12	0.18	0.22	0.28	0.33	0.41	0.49	0.55	0.65	0.76	0.89	0.12
高级路面	0.08	0.12	0.15	0.20	0.22	0.28	0.33	0.38	0.44	0.52	0.61	0.09
构造物Ⅰ	0.13	0.18	0.23	0.28	0.32	0.40	0.49	0.55	0.65	0.76	0.89	0.12
构造物Ⅱ	0.14	0.20	0.25	0.30	0.35	0.43	0.52	0.60	0.70	0.83	0.96	0.13
构造物Ⅲ	0.25	0.36	0.45	0.55	0.64	0.79	0.96	1.09	1.28	1.51	1.76	0.24
技术复杂大桥	0.11	0.16	0.20	0.25	0.29	0.36	0.43	0.49	0.57	0.68	0.79	0.11
隧道	0.11	0.16	0.19	0.24	0.28	0.34	0.42	0.48	0.56	0.66	0.77	0.10
钢材及钢结构	0.11	0.16	0.20	0.26	0.30	0.37	0.44	0.50	0.59	0.69	0.80	0.11

十六、职工探亲路费费率（表 5-32）

职工探亲路费费率表（单位：%）

表 5-32

工程类别	费　率
人工土方	0.10
机械土方	0.22
汽车运输	0.14
人工石方	0.10
机械石方	0.22
高级路面	0.14
其他路面	0.16
构造物Ⅰ	0.29
构造物Ⅱ	0.34
构造物Ⅲ	0.55
技术复杂大桥	0.20
隧道	0.27
钢材及钢结构	0.16

十七、职工取暖补贴费费率（表 5-33）

职工取暖补贴费费率表（单位：%）　　表 5-33

工程类别	气温区						
	准二区	冬一区	冬二区	冬三区	冬四区	冬五区	冬六区
人工土方	0.11	0.21	0.34	0.50	0.55	0.84	1.01
机械土方	0.11	0.23	0.38	0.56	0.76	0.94	1.13
汽车运土	0.10	0.22	0.37	0.55	0.74	0.92	1.11
人工石方	0.11	0.21	0.34	0.50	0.55	0.84	1.01
机械石方	0.12	0.25	0.41	0.61	0.83	1.03	1.24
高级路面、其他路面	0.07	0.13	0.22	0.34	0.44	0.55	0.66
构造物Ⅰ	0.10	0.21	0.34	0.50	0.66	0.84	1.01
构造物Ⅱ	0.10	0.20	0.32	0.48	0.64	0.81	0.97
技术复杂大桥	0.08	0.15	0.25	0.38	0.50	0.63	0.76
隧道	0.09	0.17	0.29	0.44	0.58	0.73	0.87
钢桥上部	0.06	0.12	0.20	0.31	0.41	0.51	0.61

十八、财务费用费率（表 5-34）

财务费用费率表（单位：%）　**表 5-34**

工程类别	地区类别		
	一类地区	二类地区	三类地区
人工土方	0.58	0.73	0.88
机械土方、汽车运土	0.33	0.42	0.51
人工石方	0.56	0.70	0.93
机械石方	0.36	0.46	0.55
高级路面	0.42	0.54	0.63
其他路面	0.50	0.64	0.75
构造物Ⅰ	0.60	0.75	0.90

十九、企业管理费费率（表 5-35）

企业管理费费率表（单位：%）

表 5-35

工程类别	地区类型			
	一类地区	二类地区	三类地区	其中：上级管理费
人工土方	3.74	4.09	4.81	0.56
机械土方	3.32	3.59	4.14	0.55

续表

工程类别	地区类型			
	一类地区	二类地区	三类地区	其中：上级管理费
汽车运土	0.93	1.12	1.33	0.12
人工石方	3.74	4.09	4.81	0.56
机械石方	3.46	3.71	4.45	0.58
高级路面	2.12	2.55	2.97	0.25
其他路面	3.46	3.78	4.41	0.69
构造物Ⅰ	4.27	4.57	5.49	0.71
构造物Ⅱ	4.12	4.41	5.29	0.68
技术复杂大桥	3.03	3.30	3.86	0.73
隧道	3.88	4.15	4.98	0.65
钢桥上部	2.12	2.55	2.97	0.25

第六章　清单计价表格汇总

第一节　公路工程工程量清单细目表

公路工程工程量清单细目见表　**表 6-1**

清单　第 100 节　总则					
细目号	项目名称	单位	数量	单价	合价
101－1	保险费				
－a	建筑工程一切险	总额			
－b	第三方责任险	总额			
102－1	竣工文件	总额			
102－2	施工环保费	总额			
103－1	临时道路维修、养护与拆除（包括原道路的养护维护费）	总额			
103－2	临时工程用地	m^2			

续表

清单　第100节　总则					
细目号	项目名称	单位	数量	单价	合价
103—3	临时供电设施	m^2			
103—4	电信设施提供、维修与拆除	总额			
104—1	承包人驻地建设	总额			
清单　第100节合计　人民币					

第二节　专项暂定金额汇总表

专项暂定金额汇总表　**表 6-2**

清单编号	细目号	名称	估计金额
400	401—1	桥梁荷载试验（举例）	60000
……	……	……	……
……	……	……	……
专项暂定金额小计（结转工程量清单汇总表6-7）			

第三节 计日工劳务单价表

计日工劳务单价表　　　　表 6-3

细目号	名称	估计数量（h）	单价（元/h）	合价（元）
101	班长			
102	普通工			
103	焊工			
104	电工			
105	混凝土工			
106	木工			
107	钢筋工			
	……			
计日工劳务（结转计日工汇总表，表 6-6）				

注：根据具体工程情况，也可用天数作为计日工劳务单位。

第四节 计日工材料单价表

计日工材料单价表　　表 6-4

细目号	名称	单位	估计数量	单价（元）	合价（元）
201	水泥	t			
202	钢筋	t			
203	钢绞丝	t			
204	沥青	t			
205	木材	m^3			
206	砂	m^3			
207	碎石	m^3			
208	片石	m^3			
	……				
计日工材料小计（结转计日工汇总表，表 6-6）					

第五节 计日工施工机械单价表

计日工施工机械单价表　　　表 6-5

细目号	名　　称	估计数量（h）	单价（元/h）	合价（元）
301	装载机			
301－1	1.5m^3 以下			
301－2	1.5～2.5m^3			
301－3	2.5m^3 以上			
302	推土机			
302－1	90kW 以下			
302－2	90～180kW			
302－3	180kW 以上			
	……			
计日工施工机械小计（结转计日工汇总表，表 6-6）				

第六节　计日工汇总表

计日工汇总表　　　　表 6-6

合同段：

名　称	金额（元）
计日工：	
1. 劳务	
2. 材料	
3. 施工机械	
计日工合计(结转工程量清单汇总表,表 6-7)	

第七节　工程量清单汇总表

工程量清单汇总表　　　　表 6-7

序　号	章　次	科目名称	金额（元）
1	100	总则	
2	200	路基	
3	300	路面	
4	400	桥梁、涵洞	
5	500	隧道	

续表

序　　号	章　　次	科目名称	金额（元）
6	600	安全设施及预埋管线	
7	700	绿化及环境保护	
8	800	房建工程	
9	第 100 章至 800 章清单合价		
10	已包含在清单合计中的专项暂定金额小计		
11	清单合计减去专项暂定金额（即 9－10＝11）		
12	计日工合计		
13	不可预见费（暂定金额＝11×　　%）		总额
14	投标价（9＋12＋13＝14）		

第七章　常用图例及符号汇总

第一节　一般规定

一、图纸幅面及图框尺寸

根据《道路工程制图标准》(GB 50262—92)的规定，图纸幅面的规格分为 0、2、2、3、4 共五种。图纸幅面尺寸符合表 7-1 规定。图幅的短边不得加长，长边加长的长度，图幅 A0、A2、A4 应为 250mm 的整倍数；图幅 A2、A3 应为 220mm 的整倍数。

图幅及图框尺寸（mm）　　表 7-1

尺寸代号 \ 幅面代号	A_0	A_1	A_2	A_3	A_4
$B \times L$	842×2289	594×842	420×594	297×420	220×297
c	20				
a	35	35	35	30	25

二、图框格式

需要缩微后存档或复制的图纸，图框四边均应具有位于图幅长边、短边中点的对中标志（见图 7-2），并应在下图框线的外侧，绘制一段长 200mm 标尺，其分格为 20mm。对中标志的线宽宜采用大于或等于 0.5mm、标尺线的线宽宜采用 0.25mm 的实线绘制。

三、标题栏、会签栏和角标

图标应布置在图框内右下角（图 7-1）。图

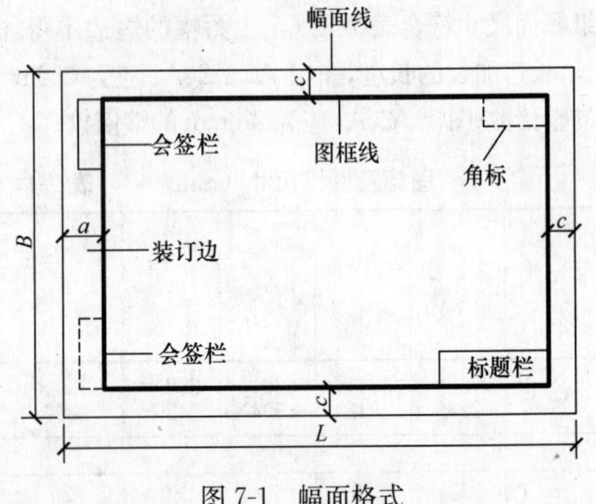

图 7-1　幅面格式

标外框线线宽宜为 0.7mm；图标内分格线线宽宜为 0.25mm。图标应采用图 7-1 所示中的一种。

会签栏宜布置在图框外左下角（见图 7-2),并应按图 7-3 绘制。会签栏外框线线宽宜为 0.5mm；内分格线线宽宜为 0.25mm。

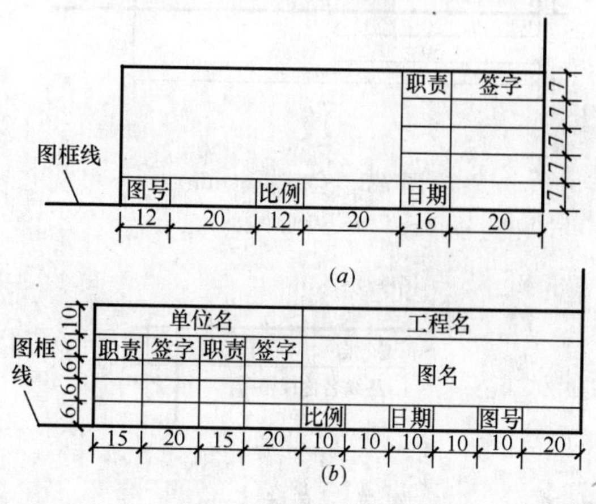

图 7-2 标题栏（mm）

当图纸需要绘制角标时，应布置在图框内的右上角，角标线线宽宜为 0.25mm（见图7-4)。

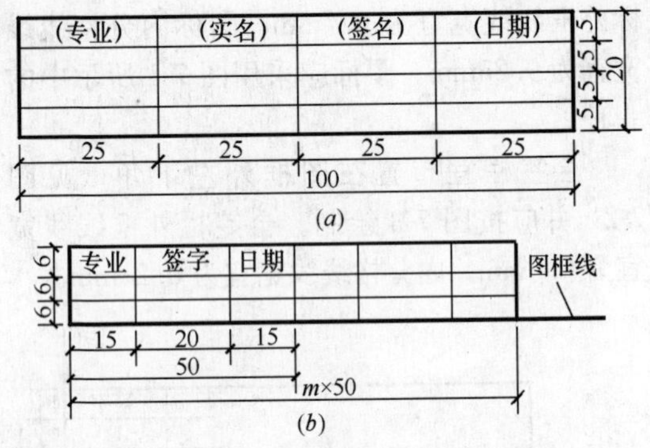

图 7-3　会签栏（mm）

m—专业个数

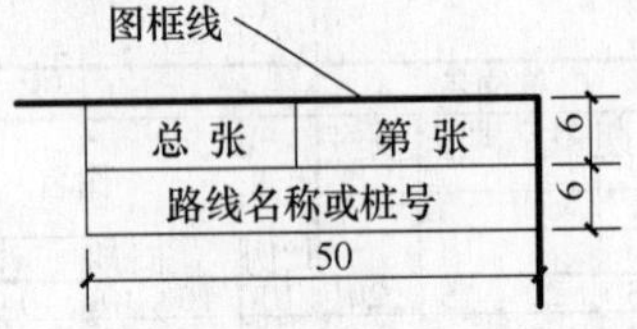

图 7-4　角标（mm）

四、图纸比例

1. 常用绘图比例

绘图的比例，应根据图面布置合理、匀

称、美观的原则，按图形大小及图面复杂程度确定，常用绘图比例见表 7-2，并应优先用表中常用比例。

绘图所用常用比例　　表 7-2

常用比例	1∶1、1∶2、1∶5、1∶10、1∶20、1∶50、1∶100、1∶150、1∶200、1∶500、1∶1000、1∶2000、1∶5000、1∶10000、1∶20000、1∶50000、1∶100000、1∶200000
可用比例	1∶3、1∶4、1∶6、1∶15、1∶25、1∶30、1∶40、1∶60、1∶80、1∶250、1∶300、1∶400、1∶600

2. 总图制图比例

总图制图采用的比例，宜符合表 7-3 的规定。

总与制图比例　　表 7-3

图　名	常 用 比 例
地理、交通位置图	1∶25000～1∶200000
总体规划、总体布置、区域位置图	1∶2000、1∶5000、1∶10000、1∶25000、1∶50000

续表

图　名	常 用 比 例
总平面图、竖向布置图、管线综合图、土方图、排水图、铁路、道路平面图、绿化平面图	1∶500、1∶1000、1∶2000
铁路、道路纵断面图	垂直：1∶100、1∶200、1∶500 水平：1∶1000、1∶2000、1∶5000
铁路、道路横断面图	1∶50、1∶100、1∶200
场地断面图	1∶100、1∶200、1∶500、1∶1000
详图	1∶1、1∶2、1∶5、1∶10、1∶20、1∶25、1∶50

五、图线

图线的宽度（b）应从 2.0、2.4、2.0、0.7、0.5、0.35、0.25、0.28、0.23mm 中选取。

每张图上的图线线宽不宜超过 3 种。基本线宽（b）应根据图样比例和复杂程度确定。线宽组合宜符合表 7-4 的规定。

线　宽　组　合　　　表 7-4

现宽类别	线宽系列/mm				
b	2.4	2.0	0.7	0.5	0.35
$0.5b$	0.7	0.5	0.35	0.25	0.25
$0.25b$	0.35	0.25	0.28 (0.2)	0.23 (0.25)	0.23 (0.25)

图纸中常用线型及线宽应符合表 7-5 的规定。

常用线型及线宽　　　表 7-5

名　称	线　型	线　宽
加粗粗实线	━━━━	$2.4b \sim 2.0b$
粗实线	━━━━	b
中粗实线	────	$0.5b$
细实线	────	$0.25b$
粗虚线	━ ━ ━ ━	b
中粗虚线	— — — —	$0.5b$
细虚线	— — — —	$0.25b$
粗点划线	━·━·━	b
中粗点划线	—·—·—	$0.5b$
细点划线	—·—·—	$0.25b$

续表

名称	线　型	线宽
粗双点划线	━━ ‐ ‐ ━━ ‐ ‐ ━━	*b*
中粗双点划线	—— ‐ ‐ —— ‐ ‐ ——	0.5*b*
细双点划线	—‐‐—‐‐—	0.25*b*
折断线	——⋀——	0.25*b*
波浪线	～～～	0.25*b*

六、尺寸标注

1. 尺寸应标注在视图醒目的位置。计量时，应以标注的尺寸数字为准，不得用量尺直接从图中读取。尺寸应由尺寸界线、尺寸线、尺寸起止符和尺寸数字组成。

2. 尺寸界线与尺寸线均应采用细实线。尺寸起止符宜采用单边箭头表示，箭头在尺寸界线的右边时，应标注在尺寸线之上；反之，应标注在尺寸线之下。箭头大小可按绘图比例取值。

尺寸起止符也可采用斜短线表示。把尺寸界限按顺时针转45°，作为斜短线的倾斜方向。在连续表示的小尺寸中，也可在尺寸界线同一水平的位置，用黑圆点表示尺寸起止符。尺寸数字宜标注在尺寸线上方中部。当标注位置不足时，可采用反向箭头。最外边的尺寸数字，可标注在尺寸界线外侧箭头的上方，中部相邻的尺寸数字，可错开标注，见图 7-5。

3. 尺寸界线的一端应靠近所标注的图形轮廓线，另一端宜超尺寸线 1～3mm。图形轮廓线、中心线也可作为尺寸界线。尺寸界线宜与被标注长度垂直；当标注困难时，也可不垂直，但尺寸界线应相互平行，见图 7-6。

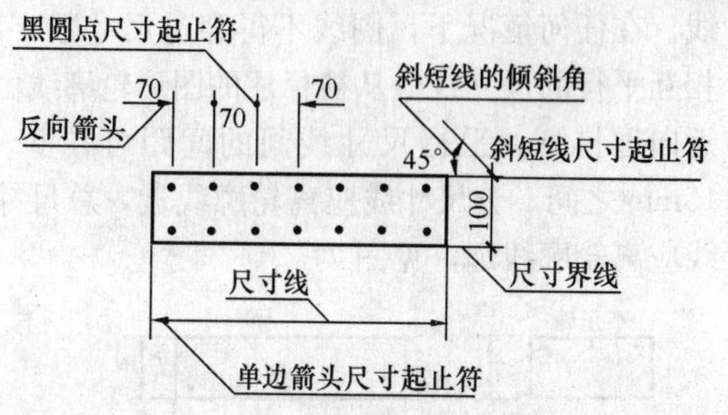

图 7-5　尺寸要素的标注

4. 尺寸线必须与被标注长度平行，不应超出尺寸界线，任何其他图线均不得作为尺寸

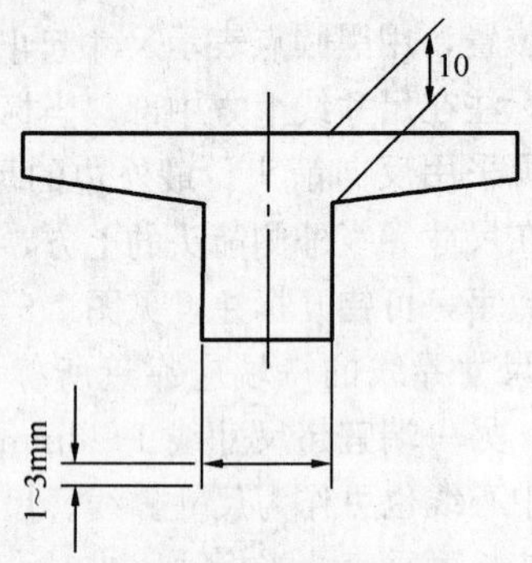

图 7-6　尺寸界线的标注

线。在任何情况下，图线不得穿过尺寸数字。相互平行的尺寸线应从被标注的图形轮廓线由近向远排列，平行尺寸线间的间距可在 5～15mm 之间。分尺寸线应离轮廓线近，总尺寸线应离轮廓线远，见图 7-7。

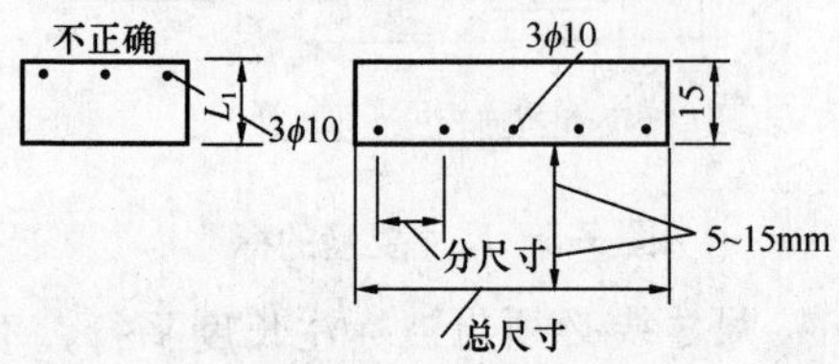

图 7-7　尺寸线的标注

5. 尺寸数及文字书写方向应按图 7-8 标注。

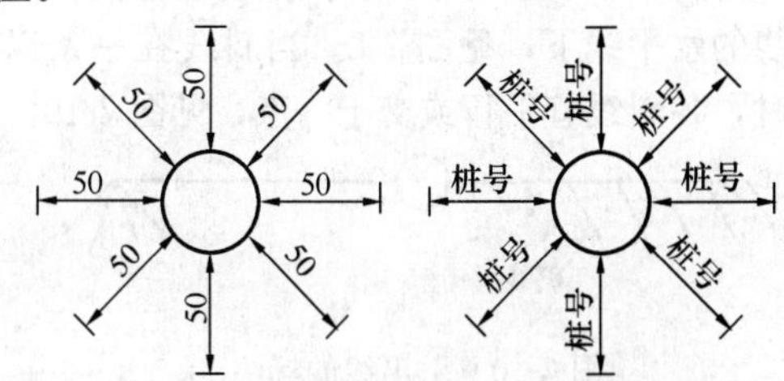

图 7-8 尺寸数字、文字的标注

6. 当用大样图表示较小且复杂的图形时，其放大范围，应在原图中采用细实线绘制圆形或较规则的图形圈出，并用引出线标注，见图 7-9。

7. 引出线的斜线与水平线应采用细实线，

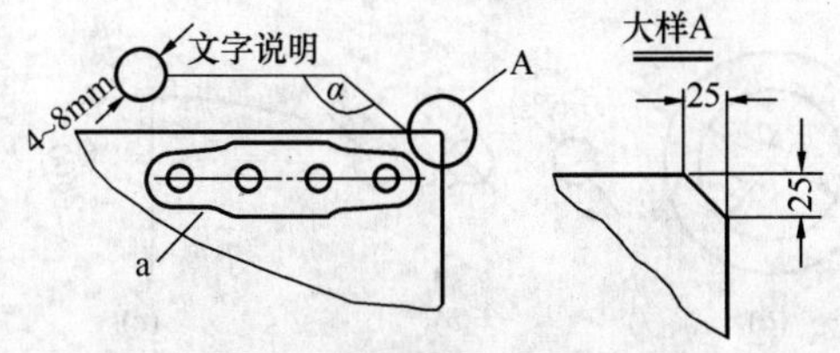

图 7-9 大样图范围的标注

其交角 α 可按 90°、120°、135°、150°绘制。当视图需要文字说明时，可将文字说明标注在引出线的水平线下，见图 7-8。当斜线在一条以上时，各斜线宜平行或交于一点，见图 7-10。

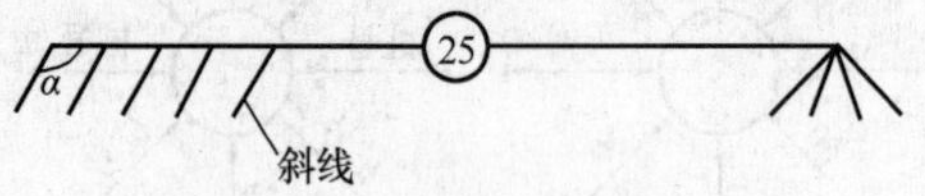

图 7-10 引出线的标注

8. 半径与直径可按图 7-11（*a*）标注。当圆的直径较小时，半径与直径可按图 7-11（*b*）标注；当圆的半径较大时，半径尺寸的起点可不从圆心开始，见图 7-11（*c*）。半径和直径的尺寸数字前，应标注“*r*（R）”或“d（D）”，见图 7-11（*b*）。

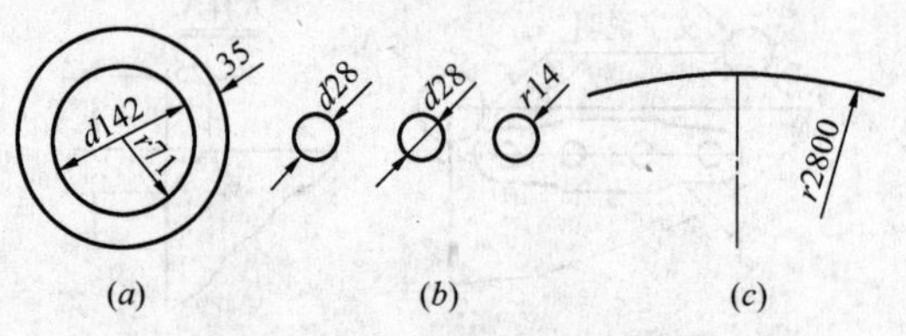

图 7-11 半径与直径的标注

9. 圆弧尺寸宜按图 7-12（*a*）标注，当弧线分为数段标注时，尺寸界线也可沿径向引出，见图 7-12（*b*）。弦长的尺寸界线应垂直该圆弧的弦，见图 7-12（*c*）。

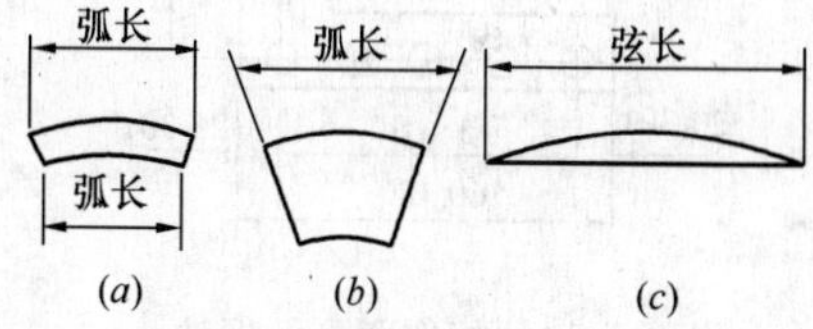

图 7-12　弧，弦的尺寸标注

10. 角度尺寸线应以圆弧表示。角的两边为尺寸界线。角度数值宜写在尺寸线上方中部。当角度太小时，可将尺寸线标注在角的两边的外侧。角度数字宜按图 7-13 标注。

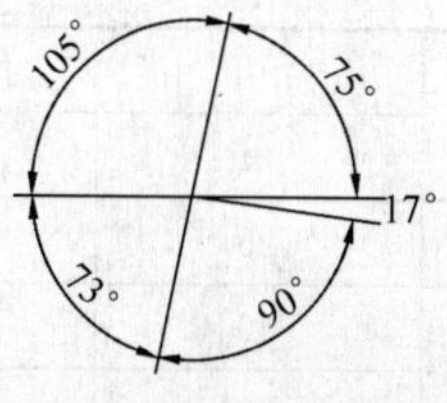

图 7-13　角度的标注

11. 尺寸的简化画法应符合下列规定：

（1）连续排列的等长尺寸可采用“间距数乘间距尺寸”的形式标注，见图 7-14。

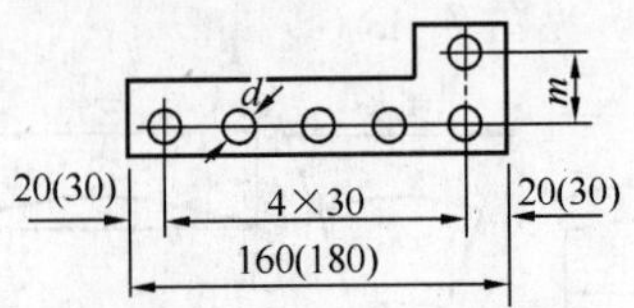

图 7-14　相似图形的标注

（2）两个相似图形可仅绘制一个。未示出图形的尺寸数字可用括号表示。如有数个相似图形，当尺寸数值各不相同时，可用字母表示，其尺寸数值应在图中适当位置列表示出，见表 7-6。

间距数乘间距尺寸　　　　**表 7-6**

编　号	尺　寸	
	m	d
1	25	10
2	40	20
3	30	30

12. 倒角尺寸可按图 7-15（a）标注，当倒角为 45°时，也可按图 7-15（b）标注。

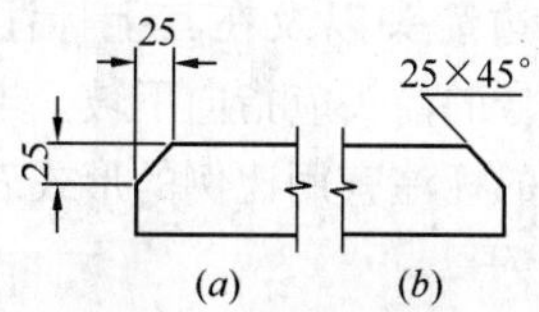

图 7-15　倒角的标注

13. 标高符号应采用细实线绘制的等腰三角形表示。高为 2～3mm，底角为 45°。等角应指至被标注的高度，顶高向上、向下均可。标高数字宜标注在三角形的右边。负标高应冠以“－”号，正标高（包括零标高）数字前不应冠以“＋”号。当图形复杂时，也可采用引出线形式标注，见图 7-16。

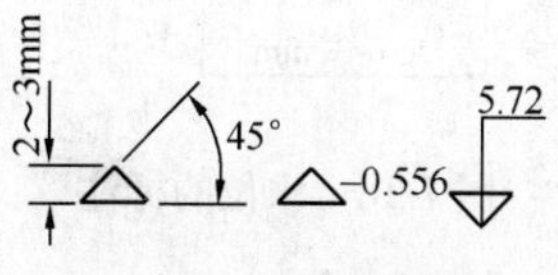

图 7-16　标高的标注

14. 当坡度值较小时，坡度的标注宜用百分率表示，并应标注坡度符号。坡度符号应由细实线、单边箭头以及在其上标注百分数组成。坡度符号的箭头应指向下坡。当坡度值较大时，坡度的标注宜用比例的形式表示，例如 1∶n，见图 7-17。

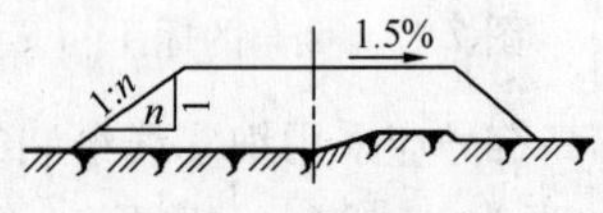

图 7-17　坡度的标高

15. 水位符号应由数条上长下短的细实线及标号符号组成。细实线间的间距宜为 1mm，见图 7-18，其标高的标注应符合规定。

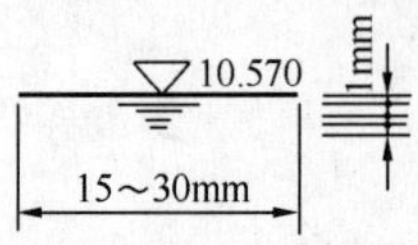

图 7-18　水位的标注

第二节　常用总平面图图例

公路工程常用图例见表 7-7～表 7-9。

公路工程常用图例　　表 7-7

项目	序号	名称	图例
平面	1	涵　洞	
	2	通　道	
	3	分离式立交 a. 主线上跨 b. 主线下穿	   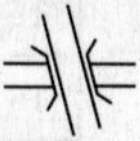
	4	桥　梁 （大、中桥按实际长度绘）	 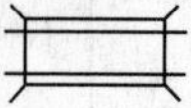
	5	互通式立交 （按采用形式绘）	
	6	隧道	
	7	养护机构	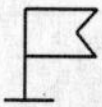
	8	管理机构	

续表

项目	序号	名　称	图　例
平	9	防护网	—×—×—
	10	防护栏	
面	11	隔离墩	
	12	箱　涵	
	13	管　涵	
	14	盖板涵	
	15	拱　涵	
	16	箱型通道	
纵	17	桥　梁	
断	18	分离式立交 a. 主线上跨 b. 主线下穿	
	19	互通式立交 a. 主线上跨 b. 主线下穿	

续表

项目	序号	名称	图例
材料	20	细粒式沥青混凝土	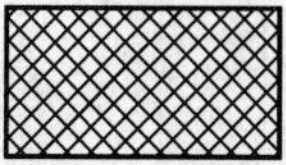
	21	中粒式沥青混凝土	
	22	粗粒式沥青混凝土	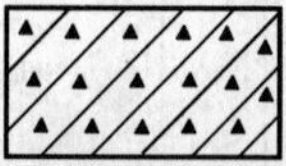
	23	沥青碎石	
	24	沥青贯入碎砾石	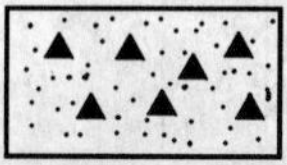
	25	沥青表面处置	
	26	水泥混凝土	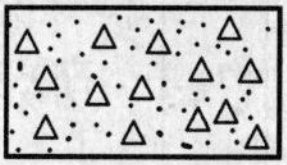
	27	钢筋混凝土	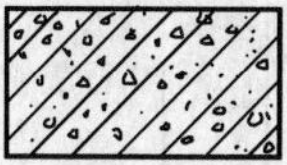

续表

项目	序号	名称	图例
材料	28	水泥稳定土	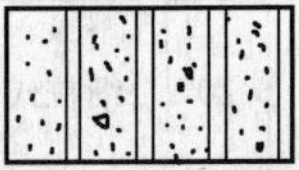
	29	水泥稳定砂砾	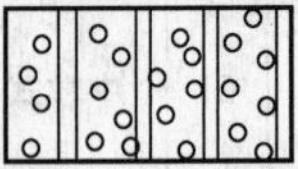
	30	水泥稳定碎砾石	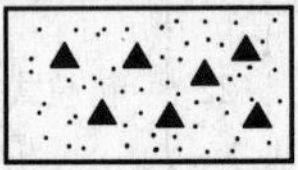
	31	石灰土	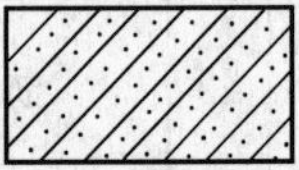
	32	石灰粉煤灰	
	33	石灰粉煤灰土	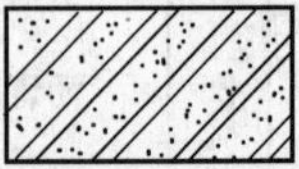
	34	石灰粉煤灰砂砾	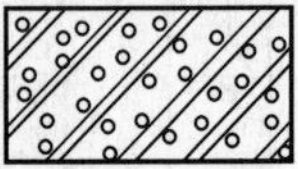
	35	石灰粉煤灰碎砾石	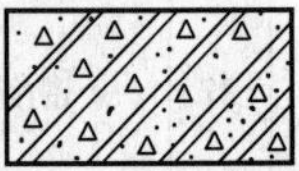

续表

项目	序号	名　称	图　例
材料	36	泥结碎砾石	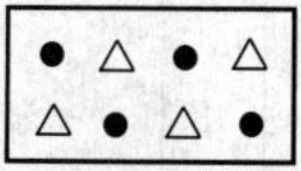
	37	泥灰结碎砾石	
	38	级配碎砾石	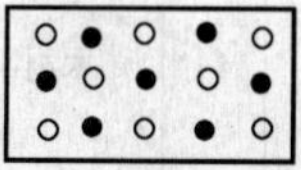
	39	填隙碎石	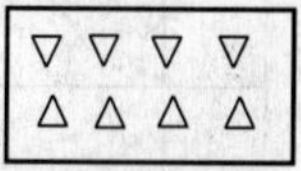
	40	天然砂砾	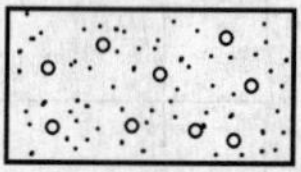
	41	干砌片石	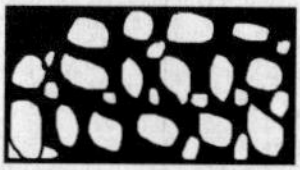
	42	浆砌片石	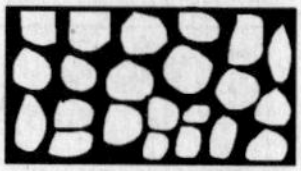

续表

项目	序号	名称		图例
材料	43	浆砌块石		
	44	木材	横	
			纵	
	45	金属		
	46	橡胶		
	47	自然土		
	48	夯实土		

公路工程平面设计图图例　　表 7-8

图　例	名　称
3mm　6　$n\times3$　2	平箅式雨水口（单、双、多箅）
	偏沟式雨水口（单、双、多箅）
	联合式雨水口（单、双、多箅）
$DN\times\times$　$L=\times\times$m	雨水支管
4　1　4　1mm	标　柱
1　10　10　1mm	护　栏
实际长度　实际宽度　≥4mm	台阶、礓礤、坡道
1.5mm	盲　沟

续表

图例	名称	
3mm	护坡 边坡加固	
6　2mm	边沟过道（长度超过规定时按实际长度绘）	
实际长度　实际宽度	大、中小桥（大比例尺时绘双线）	
2mm	涵洞（一字洞口）	（需绘洞口具体做法及导流措施时宽度按实际宽度绘制）
4mm	涵洞（八字洞口）	
4mm　实际长度　4　2	倒虹吸	
实际长度　实际净跨　实际宽度	过水路面 混合式过水路面	
1.5mm　实际宽度　1.5	铁路道口	

续表

图例	名称
实际长度 2mm 5 5	渡槽
实际长度 4mm 按管道图例	管道加固
实际长度 1.5mm	水簸箕、跌水
1.5mm	挡土墙、挡水墙
	铁路立交 （长、宽角按实际绘）
	边沟、排水沟 及地区排水方向
	干浆 砌片石（大面积）
	拆房 （拆除其他建筑物及 刨除旧路面相同）

续表

图例	名称
2mm 起止桩号	隧道
实际长度 2mm 起止桩号	明洞
实际长度	栈桥（大比例尺时绘双线）
雨 升降标高	迁杆、伐树、迁移、升降雨水口、探井等
	迁坟、收井等（加粗）
12k d=10mm	整公里桩号
	街道及公路立交按设计实际形状（绘制各部组成）参用有关图例

路面结构材料断面图例　　表 7-9

图　　例	名　　称
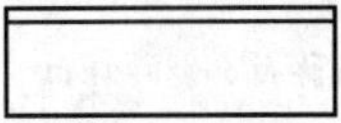	单层式 沥青表面处理
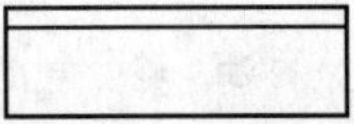	双层式沥青表面处理
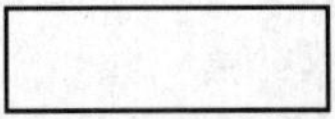	沥青砂黑色石屑（封面）
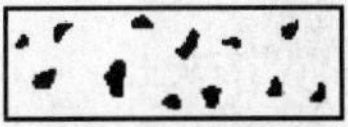	黑色石屑碎石
	沥青碎石
	沥青混凝土
	水泥混凝土
	加筋水泥混凝土
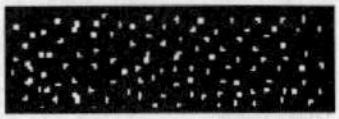	级配砾石

续表

图　　例	名　　称
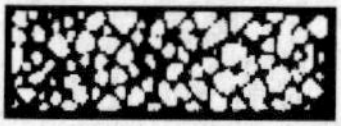	碎石、破碎砾石
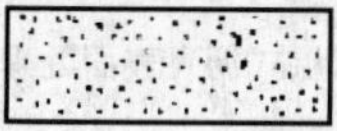	粗　砂
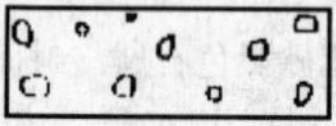	焦　渣
	石灰土
	石灰焦渣土
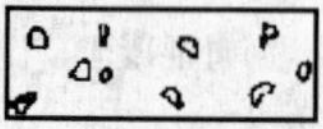	矿　渣
	级配砂石
	水泥稳定土或其他加固土
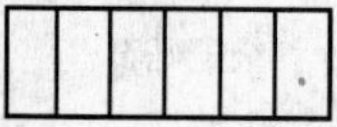	浆砌块石

参考文献

[1] 杜贵成．公路工程造价细节解析与示例［M］．北京：机械工业出版社，2006.

[2] 吴宗壮．公路工程造价员一本通［M］．哈尔滨：哈尔滨工程大学出版社，2008.

[3] 张铁成．公路工程造价与快捷编标［M］．北京：人民交通出版社，2001.

[4] 郭俊飞，古建宏．公路工程造价指南与清单项目案例分析［M］．北京：中国建筑工业出版社，2009.

[5] 交通部公路工程定额站，湖南省交通厅．公路工程工程量清单计量规则［S］．北京：人民交通出版社，2005.

[6] 中华人民共和国交通部．公路工程预算定额［S］．北京：人民交通出版社，2007.

[7] 赵晞伟．公路工程定额应用释义［M］．北京：人民交通出版社，2007.

[8] 中华人民共和国交通部．公路工程基本建设项目概算预算编制办法［S］．北京：人民交通出版社，2008.

[9] 中华人民共和国交通部．公路工程机械台班费用定额［S］．北京：人民交通出版社，2007.

[10] 中华人民共和国交通部．公路工程施工定额［S］．北京：人民交通出版社，2009.